孙军正老师银行培训剪影

银行湖南省分行2015年一级支行副行长培训班（第

我们将学以致用业绩倍增！

中国民生银行南昌分行小

中国民生银行南昌分行小微客户经理营销技巧培训班

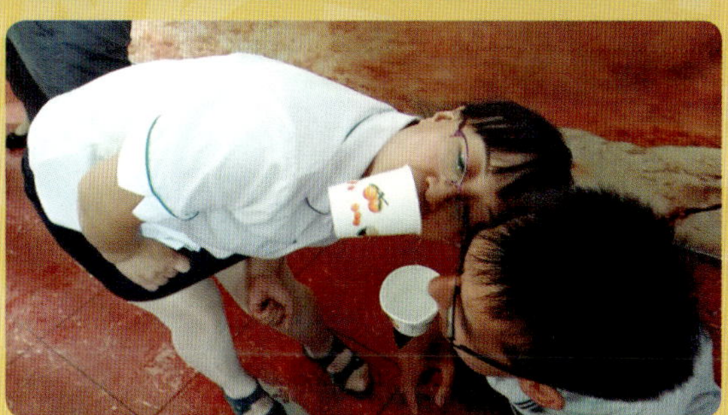

农行忻州分行2015年网点负责人培训班

能量与执行力提升”实战训练

季军队
季军队
七 组

哈密分行员工"职业素质提升"培训

招商银行 长沙分行
《银行业绩倍增特训营》主讲老师：孙军正博士

三峡分行2015年“青年英才计划”培训班第二次集中授课
在孙军正老师支持下，我们将卓越执行业绩倍增！

耒阳农商银行“您能为银行带来什么”培训
在孙军正老师支持下，我们将学以致用业绩倍增！

株洲农行芦淞/开发区支行高效执行力培训课程
在孙军正老师支持下，我们将学以致用业绩倍增！

赣州农商银行中层管理能力及执行力提升培训
在孙军正老师支持下，打造卓越团队，提升客户价值，实现业绩倍增！

中国民生银行南昌分行“暖心服务”培
在孙军正老师支持下，我们将学以致用业绩倍增！

株洲农行芦淞/开发区支行高绩效团队建设培训课程
在孙军正老师支持下，打造高绩效团队实现业绩倍增

银行公关执行官

孙军正
冯民科◎著

中国财富出版社

图书在版编目（CIP）数据

银行公关执行官/孙军正，冯民科著.—北京：中国财富出版社，2016.4
（名师智业联盟）
ISBN 978-7-5047-6089-0

Ⅰ.①银…　Ⅱ.①孙…②冯…　Ⅲ.①银行—公共关系学　Ⅳ.①F830

中国版本图书馆CIP数据核字（2016）第061440号

策划编辑　丰　虹　　**责任编辑**　丰　虹
责任印制　方朋远　　**责任校对**　饶莉莉　　**责任发行**　邢有涛

出版发行　中国财富出版社
社　　址　北京市丰台区南四环西路188号5区20楼　**邮政编码**　100070
电　　话　010-52227568（发行部）　010-52227588转307（总编室）
　　　　　　010-68589540（读者服务部）　010-52227588转305（质检部）
网　　址　http://www.cfpress.com.cn
经　　销　新华书店
印　　刷　北京京都六环印刷厂
书　　号　ISBN 978-7-5047-6089-0/F·2564
开　　本　710mm×1000mm　1/16　　**版　　次**　2016年4月第1版
印　　张　12.5　**彩　插**　4　　**印　　次**　2016年4月第1次印刷
字　　数　183千字　　**定　　价**　42.00元

前　言

可口可乐前任董事长伍德鲁夫曾经说过："即使可口可乐公司被大火一夜损坏，但是第二天仍有大量投资者排队借钱给可口可乐公司。"投资者为何敢借钱给一个被大火损坏的可口可乐？原因就在于投资者看重可口可乐的品牌力量。在未来，品牌将是企业生存的基石，银行自然也不能置身事外，强化品牌实力，才能获得更大的发展机遇。

银行如何强化品牌实力？不仅要靠银行优质的产品和服务，更要通过各种公关活动联系沟通好公众、媒体，营造一个良好的银行形象。同时，银行通过公关活动能够及时澄清公众对银行的误解，防止银行声誉受到影响。可以这样说，银行举办公关活动是提升银行品牌实力的不二法宝。

如何让银行公关活动产生最大的价值，公关人员在活动中如何做，怎样做让公关活动产生最大价值，以及如何在媒介的变化中做好公关活动，这些问题一直困扰着银行的公关人员。

本书作为一本实用的银行公关活动参考书，能够解答银行公关人员的这些疑问。本书主要由以下四部分组成。

第一部分主要讲在这个信息化社会，银行面临着更多的危机，一着不慎很有可能让自己陷入困境，告诫银行的工作人员要注重公关活动；你会学习到如何从危机中寻找机遇，抓住机遇从而实现银行的二次腾飞。

第二部分主要讲述与媒体打交道的方式、方法，如何和媒体妥善处理好关系，回答记者和媒体的提问等。这一部分内容实践性比较强，你完全可以在实际的工作中，借鉴书中的做法，让银行和媒体之间保持和谐的关系。

第三部分主要阐述如何进行网络公关活动，做好客户投诉处理工作。通过这一部分的学习你不仅会知道如何进行网络舆情监管、评阅、杜绝不良网络舆情，也能够学到处理客户投诉技巧和方法，从而快速解决客户的投诉。

第四部分介绍的是客户公关的原则与方法。引导你正确认识客户投诉，并且详细介绍了妥善处理客户投诉的方式方法，让你面对客户能够胸有成竹。

通过以上四个部分的学习，我相信你能更全面地掌握银行公关处理的方式、方法，帮助你让银行公关活动发挥最大的价值，提升银行的品牌形象。

作　者

2016年2月

目　录

第一部分　“危”“机”时代

第二部分　媒体公关，塑造最佳形象

第四部分 客户公关，从源头控制投诉

“危”“机”时代

第一章　信息化社会，危险四伏

随着信息技术的发展，信息的传播速度日益加快，扩大了信息传播范围，“坏消息”通过媒介可以快速传播到千里之外。一个坏消息很有可能在信息化社会让银行苦心经营多年的企业形象坍塌，面对此环境银行该如何生存？一方面需要自重；另一方面重视危机公关，避免自我毁灭。

透明环境，银行需自重

信息革命持续进行，让信息的私密性逐渐减弱，整个社会信息趋于透明状，银行自然也不例外。银行作为金融市场的重要板块之一，一举一动都会引来群众的瞩目。在透明和高关注度的环境下，银行必须对自身行为负责。

透明化的环境，究竟会给银行带来什么影响？

（1）透明环境减弱银行对危机事件的可控性

透明环境的出现主要缘于传播媒介的更新换代。在过去，银行出现危机事件后，都是通过传统媒介，如报纸、杂志、电视进行传播。传统媒介在传播时间上有一定的延时性，所以银行可以抓住这段时间，快速组建公关小组，研究出公关方案，淡化危机对银行的影响。

另外，传统媒介多是充当政府的“喉舌”。银行一旦发生危机，可以借助政府行政手段来对媒介进行干预，从而减少负面报道，降低危机事件对银行品牌的伤害力。

现在传播环境发生变化，每个人都是一个传播节点，每个节点都成为信息的生产者和传播者，各节点通过互联网相互联系。银行危机被一个节点得知，它就可以通过微博、微信等传播，传播速度较传统媒介要快。在透明环境下，银行面临着太多节点的关注与监督，导致银行的危机控制能力大幅度减小，很难对危机进行管理。

（2）透明环境产生更多的金融业“野蛮人”，导致银行竞争加剧

金融市场的信息化，让互联网公司得到更多用户、企业甚至银行的信息。比如互联网金融产品余额宝、零钱宝、P2P（点对点借贷）平台金融业的“野蛮人”大量出现等，不断蚕食着银行的传统市场。

透明的环境让银行面临着更多的竞争对手。这些竞争对手都是来自银行不熟悉的互联网领域，且深谙互联网传播的技术和手段。银行一旦发生危机，互联网公司迅速利用互联网传播的渠道，扩大银行危机事件的影响力，到时银行面对这样的外界的批评嘲讽之声，也只能望洋兴叹。

透明的环境撼动了传统银行的地位，所以银行在这种环境下应自重，重塑自身的建设确保自己处于一个安全的区域。

重视危机公关，避免自我毁灭

银行的发展往往不会一帆风顺，在发展中始终有两种声音陪着它：掌声和嘘声。在掌声响起的时候，银行要做的就是收起虚荣之心；当嘘声响起时，即出现危机的时候，公关人员首先要在思想上重视起来，迅速组建危机公关团队，来解决危机。

虽然银行公关人员可以在危机发生时，通过各类公关技巧来解决处理危机，但是只能处理危机而不能杜绝危机。要想从本质上杜绝危机，公关人员首先要从思想上重视危机公关，然后做好危机预测和分析，制订好应急计划，才能避免危机的发生。

（1）做好危机预测分析

危机的预测就是对危机的产生、发展、变化进行推测。银行公关人员可以通过"头脑风暴"法分析出银行会面临哪些危机，分析这些危机发生的原因，分析能不能通过现有技术来控制住这个危机。

银行公关人员在分析危机的时候，不能采取"胡子眉毛一把抓"的策略，而是要分清轻重缓急，把危机等级量化，按危机的程度划分为红色、黄色、蓝色、绿色四个等级。

①红色。红色代表危机等级最高，这个危机关乎银行的生死存亡，银行公关人员应该倾尽所有力量来解决这个危机。

②黄色。黄色危机发生时短时间内会造成银行股价的下跌，利润急剧下降，影响银行正常运转，但是银行通过一些措施是能够化解危机的。

③蓝色。蓝色危机代表可能是银行的某个部门出现的危机，不会影响到银行整体，只要银行公关人员通过具体的方法就能解决这个问题。

④绿色。绿色危机指的是银行一个很小的危机事件。一般来说可能是银行一个工作人员服务问题引发的危机，短时间内就能化解。

制定好危机的等级，就能够在危机发生时根据危机的不同等级，采用不同的策略化解危机。

（2）制订好应急计划

做好危机的预测分析，分析出危机产生的原因之后，就要对症下药，制定出具体的措施。在危机的不同阶段公关人员可以依照下图来做。

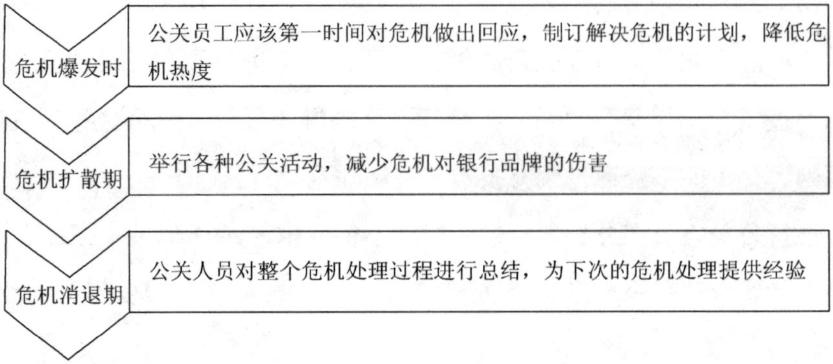

阶段	应对之策
危机爆发时	公关员工应该第一时间对危机做出回应，制订解决危机的计划，降低危机热度
危机扩散期	举行各种公关活动，减少危机对银行品牌的伤害
危机消退期	公关人员对整个危机处理过程进行总结，为下次的危机处理提供经验

在危机的不同阶段公关人员的应对之策

第二章　危险地带，机会丛生

"危机"由"危"和"机"组成，"危"代表危险，"机"代表机会、机遇。信息爆炸的社会，银行面临着众多危险，在危险的背后又隐藏着发展的机会。如何拨开危险的屏障找到机遇，就需要银行公关人员掌握好信息社会的特征，运用一定的公关技巧，巧妙地将危险转化为机遇。

信息爆炸，好事也能传千里

在信息爆炸的时代，每人每天都要接触数以万计的信息。美国一项研究表明：一个正常人每天要接收 174 张报纸的信息。大量的信息像"利箭"冲进用户的大脑，但是他们记住的信息却屈指可数。你要问用户"今天记住什么信息"，很多用户会说"今天微博上什么事件，挺有意思，我还把这个微博分享到我的朋友圈"。

（1）要想让好事传千里，首先要让"好事"通过恰当的媒介传送出去

根据营销"定位理论"的核心法则，"企业做的公关活动应该顺应消费者的心智，才有可能让消费者去购买你的产品"。作为银行的公关人员，在推广一个公关活动时，要让活动满足消费者的心智，首先要顺应消费者接收信息的渠道，现在客户都是用以微博、微信为首的社交媒体，而且他们只接收他们感兴趣的东西，当他喜欢你的东西，他就会主动充当移动的"广告牌"。

以微博、微信为首的社交媒体，是现在客户接收信息的主要渠道。这

就要求银行的工作人员进行公关活动的时候，要通过这些短、频、快的媒介传播，让活动在最短的时间内得到推广、宣传，将信息迅速传到客户手中。

(2) 了解客户需求，生产好的内容才可以让银行的“好事”传得更远

大量的信息都是通过微博媒介传递到客户手中，怎样让银行的公关活动吸引客户的眼球？就是要靠内容即他所喜欢的东西。这也就要求银行工作人员在策划活动时，详细地掌握用户的信息，如客户的爱好、消费习惯，只有了解用户全方位的信息，才能令客户真正从心里接受银行的信息。

仅仅让一个客户完成分享过程还远远不够，要想发挥事件最大价值，银行公关人员就要通过现在的大数据得到更多客户的信息，之后通过云计算分析这一类客户的特征，把这些信息分析透，得出有价值的用户信息，在活动执行中，让公关活动获得大量客户的好感。

打通了渠道，找到了客户感兴趣的内容，接下来公关人员就要找到一个提高银行知名度、美誉度的事件进行推广。比如，围绕亲情、爱情、友情来展开，从而调动客户的感性元素，让他们都进行主动分享、让整个事件传播得更深、更广，实现公关活动价值的最大化。

强化公关活动，维护声誉资产

如今，声誉这项无形之物对于企业的价值正不断攀升。特别是身处金融服务业的银行，声誉对客户的影响力可能比产品和业务本身更大。声誉不仅仅是商业银行核心竞争力的关键要素之一，对商业银行的长期利益也会产生重要影响。

无论哪一家银行，在基础业务上，都很难做出本质性的区别。比如存款业务，不同银行间也会有差别，但是这种细微的差别很难成为让客户进

行选择的决定点。更多时候，客户会根据公关服务质量，以及周围人对银行的评价来做出选择。这就是银行声誉所发挥的作用。

声誉对于银行来说，既是一项资产，也是一种风险。在《有效银行监管核心原则》中，声誉风险被列为商业银行必须要妥善应对的八大风险之一。一些国外知名银行更是将声誉风险视为与法律风险同等重要的事项。比如德意志银行，其法律部门要同时管理法律风险和声誉风险，对于每一项决策，不仅要负责审查是否符合法律规定，还要评估是否会给银行带来负面影响，为最终决策提供意见。

事前的监管预警能够很好地从源头上把控声誉风险，但是没有万无一失的"防护网"，风险也总会从各种意想不到的地方爆发。当声誉风险量变积累到一定程度时，就会质变为声誉风险事件，而事件无法得到有效处理则可能进而引发声誉危机，这就直接考验着银行的公关能力。建立起切实可行的危机公关体系，确保危机爆发时快速做出应急反应，抓住重点展开处理，是减小声誉风险破坏力的关键所在。

通过危机公关应对声誉风险是一种消极被动的行为，它不可或缺但效用单一。对于银行来说，要最大化声誉资产的价值，就必须强化主动性公关策略，维护并积累声誉资产。比如，降低客户投诉率，提高群众满意度，发掘媒体正面报道的机会，等等。好的公关，不是等到投诉来了、问题来了才行动，而是要无时无刻不以提高满意度为核心。

公关活动也并非完全孤立的，而是要与业务、服务进行有机融合。通过一系列的宣传活动、增值服务等加深客户对银行的认知，是提高声誉的一种好选择。但是，更重要的还是应当落实根本，在基础业务上为客户创造价值、提供便利。

中国农业银行在四川分行行长张军洲的领导下开展起来的一系列"三农"项目，就是一个极佳的典范。

"无论是穿草鞋还是穿皮鞋，农行从来就没离开过农村。"张军洲行长明确表示。经过多年的经营，如今在四川省的许多县城，农行不仅成为农村民众、小微企业的首选，甚至还成为了许多政府机构的首选。

就拿“天保工程”来说，凉山州布拖县林业局把全县的林权证补助资金代理权全权交给了布拖县农行，10年来都没有变动，而其根基就在于老百姓的实惠和口碑。通过“金穗惠农通”工程，农行将网点从农村延展到了更为偏远的山寨，办理业务也从网点办理转移到了“银讯通”办理，只需手机便可办理绝大多数常用业务。农行改变了农村居民的生活方式，让他们享受到了更便捷、更实惠的金融服务。

“我行在四川省的物理网点数量在几大行中并不占优，但我们的口碑却是最好的。将银行业务与农业生产、农村繁荣、农民致富结合起来，是我们的使命所在，也是成功所在。”张军洲行长自豪地表示。

在张军洲行长的领导下，农行四川省各大支行网点基本已实现了“物理网点+电子设备+惠农卡+代理项目”的服务体系，将整个农行服务的触角延伸到了361个乡镇，让农民享受到了城市人习以为常的查询、转账、缴费、刷卡等现代化生活方式。截至2013年，农行所代办的农村公共事业项目达到106个，覆盖了四川省1800多万农民，让广大农民不必再千里迢迢、不远万里才能享受到国家优惠政策。

张军洲行长还表示，四川分行今后还要从“三农”项目全局出发，打造一系列升级版工程，进一步建设好农村基础金融服务体系。

农行在四川的成功，关键就在于其与广大农民生产生活的紧密对接。为打造一系列基础金融服务系统，农行在前期支付巨大成本，可说是一件“亏本生意”。但这却为他们带来了无法替代的口碑和声誉，并最终转化为了客户、市场和业务资源。

对于处于互联网时代的银行来说，对公关活动的投入是一笔重要的投资，其具体的收益难以量化。业务、服务、公关相结合所积累的声誉资产，不仅会对银行的当前利益产生影响，更会决定银行未来的成败。

媒体公关，塑造最佳形象

第三章　认识媒体，识别机遇

过去银行公关人员视媒体为洪水猛兽，认为媒体只会对银行危机影响力推波助澜，银行公关人员这种错误的认识，使得媒体和银行始终有一座“柏林墙”，难以跨越。随着媒介化时代的到来，银行必须打破“柏林墙”，才能让银行在媒体的影响下蓬勃成长。

媒介化时代来临

大众传媒借助互联网技术的发展，逐渐突破过去信息交流单一的功能，逐渐影响人们的经济、政治、文化生活，甚至情感生活和意识形态。大众传媒在人们的生活中扮演着越来越重要的角色，媒介化时代已悄然来临。

在媒介化时代，公众、组织通过大众传媒完成信息交流、文化沟通，公众对大众传媒依赖性愈加强烈。

人们通过电视、报纸、杂志、微博等了解世界最新发生的事件，发表自己的看法。随着移动互联的高速发展，公众通过手机就能随时随地了解到最新的消息，对媒介的依赖性更大，通过图 2－1 就能知道我们已经越来越离不开媒介。

在媒介化时代，人们会用一天的 1/4 时间去拥抱媒体，通过各种各样的方式来接触媒体。可见，公众对媒介的依赖性更强。

媒介的受众增多，使得信息的影响力与日俱增，它渐渐渗透于公众的日常生活，潜移默化地改变着公众的意识和行为。

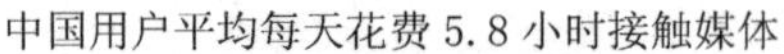
中国用户平均每天花费 5.8 小时接触媒体

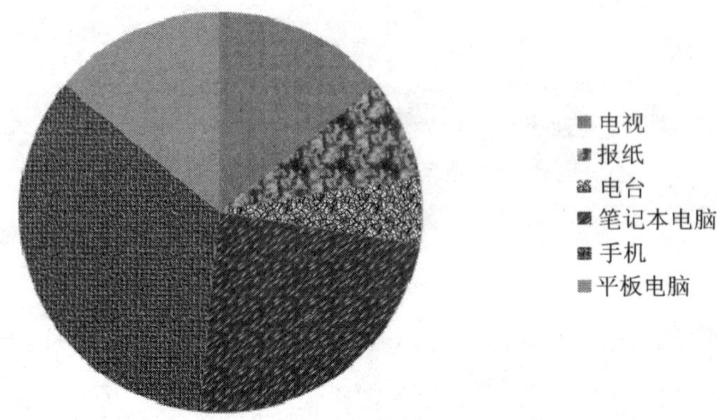

图 2－1　中国用户接触媒体的途径

例如，过去很少有人知道什么是 PM2.5，但现在公众已经对它有很深的了解。为什么公众对它了解颇深？就是通过大众传媒平台让更多人熟知 PM2.5。之后媒介平台又对 PM2.5 进行更深层次的报道，让公众清楚地知道 PM2.5 是怎样来的，让公众更加重视环保问题。

大众传媒在社会大环境中，扮演的角色越来越多，而且每种角色的影响力也是越来越大，且无法阻挡。雷军说过“站在风口上，猪都能飞起来”，银行公关人员在进行公关活动时，要站在大众传媒的影响力风口上，借助大众传媒让公关活动的影响力发挥到最大。

媒介化时代的到来要求公关人员摒弃“防火、防盗、防记者”的思想，要积极和媒体搞好关系，利用媒体带给银行发展的机遇，会用、巧用媒体，利用媒体提升银行的品牌知名度、美誉度、忠诚度。

媒体的舆论导向力

舆论导向又称舆论引导，是指媒体运用舆论力量来对人的意识进行控制，引导人的行为。舆论引导是媒体的特征之一。舆论导向主要靠“议程

设置”来实现，即媒体从业者根据国情、社会发展进行一些议题、流程的设计，从而影响用户对事件的看法。

媒体的舆论导向包括对当前社会舆论的评价、引导，或者对社会事件制造一个社会舆论。在媒体的舆论导向力上媒体像牵牛人，公众作为牛，媒体在引导公众怎么走，在走的时候应该关注什么。

为什么媒体能够充当牵牛人？就是由它的立场所决定的，媒体是站在一个第三方的立场报道新闻事件，通过传播渠道所传递的信息能够被读者或者受众接收。如果银行自己单独发声，这种发声“纯洁度”不够，很容易被客户看成是一种“王婆卖瓜，自卖自夸”的行为，得不到客户的信任。

制造媒体好的舆论让银行发声更具价值。

银行公关人员要想充分利用好媒体的舆论价值，首先要根据新旧媒体舆论的不同，制订具有针对性的舆论制造方案。

传统媒介注重“议程设置”，稿件都是按照一定的标准进行编撰，同时在发布的时候都是经过数次的修改，过程十分严谨。传统媒介精准性的特点能够获得公众的青睐，引领公众的行为，银行在采用传统媒体时，首先要和媒介负责人打好招呼，引导他们只发布那些积极的、正面的舆论，从而让用户对银行有个较好的印象。

以互联网为代表的新型媒介，其“把关人”能力弱，议程设置不完善。一旦网上出现针对银行的负面舆论，由于互联网的时效性强，导致负面的舆论很容易在短时间内传播开来，对银行品牌造成伤害。

针对网络舆论问题，银行的公关人员要做好网络舆论的监测，一旦发现错误的舆论，立即要进行危机公关，从而将舆论扼杀在摇篮之中。当发掘银行一个可以开发的舆论点时，要果断采取一定舆论引导方式，形成“病毒舆论营销”，从而迅速使银行优秀因素被更多人得知。

只有让银行引导媒体舆论，银行充当主角才是长久之计。银行要想引领舆论，首先，各位公关人员要掌握新旧媒体的特点，积极和记者进行合作，保持稳定的合作关系。其次，银行自身能量的塑造，银行必须要保持一个有序、稳定、健康的发展前景，这样在舆论引导时才更有说服力。

银行为何屡成媒体的关注焦点

金融体系是国民经济发展的重要部分，银行又是构成金融体系的主体部分，对于国民经济的作用不言而喻。银行自从诞生之日起，它就像现实生活中的明星一样，从来不缺镁光灯关注，它的“一颦一笑”都让媒体格外关注。为何媒体对银行格外关注呢？

我国是世界上高储蓄的国家，储蓄率达50%以上，而全球平均储蓄率仅为17%。高储蓄率背后是大量储户的支撑，他们认为把钱存到银行不仅安全，而且还能拿到利息。一旦银行有任何变动，必然会引起他们的注意，再加上大众传媒为了获取公众的好感，必然会将镜头放到银行身上。

我国的股票市场和发达国家体系不一，发达国家的股票完全是市场化，市场引导股票价格，而我国的股票市场是根据政策的走向而变化的，银行有时充当市场的第三只手来干预股票市场，有时银行会推出救市政策，让股票市场趋于平稳，股票市场里的股民必然时刻关注银行的政策。

2015年6月A股从5000多点之后开始一路狂跌，股票市场急剧动荡。国家为了稳定市场，就宣布银行降息来稳定股票市场。股票市场背后有众多的股民，银行的变化和他们有着密切的关系，他们也是一种在推动着记者把镜头对准银行的力量。

不仅储户和股民对银行关注，而且一些中小微企业也时刻关注银行利率、政策的调整。2012年以来，中国创业环境得到显著改善，国家支持个

人实行创业，80 后、90 后都开始创业，可以说进入了全民创业的时代，但是资金对于小微企业来讲一直是块短板，他们希望获得银行的支持，银行的信贷制度变化能够立刻获得小微企业的关注，他们也都在关注银行的一举一动。

中国的银行受到本国媒体和外国媒体的双重关注：本国媒体关注是因为银行关乎本国国民生计；外国媒体关注主要是因为中国 2010 年经济总量成为世界第二，仅次于美国，同时中国在发展速度上也是一路高歌前进（见图 2－2），雄厚的经济实力让中国在世界经济市场拥有更多的话语权，银行作为经济的晴雨表，外国媒体关注中国的经济首先要关注中国的银行。

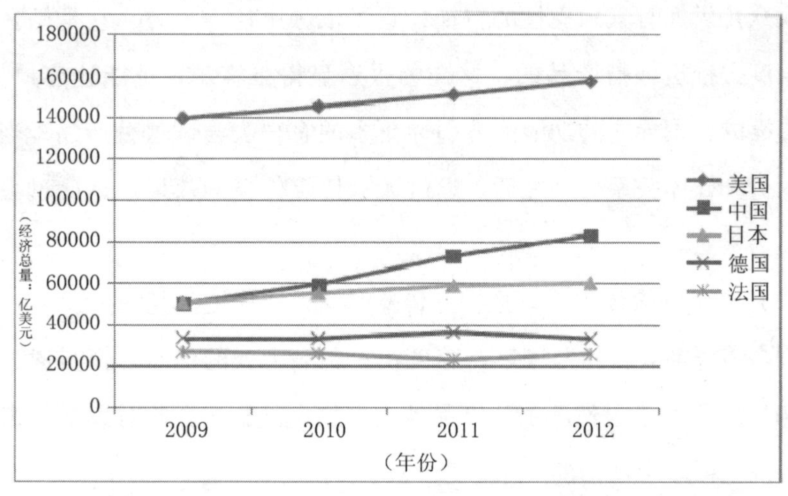

图 2－2　2009—2012 年各国的经济总量

银行一直受到媒体关注的原因就是银行事关数以万计人的切身利益。银行有任何动作，都会吸引到媒体，所以，作为银行的公关人员要处理好与媒体之间的关系，同时更要清楚地明白这个媒体是代表具体用户的利益，将利益具体化之后，银行公关人员在进行具体公关活动时才会更顺利。

和谐媒体关系好处多

过去银行公关人员都把“防火、防盗、防媒体”当作工作信条，认为一件事情被媒体关注上，很有可能给银行带来不好的影响。但现在不同了，银行公关人员和媒体打好交道，能够充分享受到媒体带来的好处。

（1）媒体客观的舆论能够引导更多的客户

过去银行推出一件理财、金融产品都会采用一种自我推销的方式，这种营销方法，并不能打动客户的“芳心”，反而会因为过度推销引来客户的反感。

大众传媒拥有其独立性的特征，它不依赖于任何一方，它是站在第三方的角度去推送理财产品的，这样的报道显得更客观，更能让客户相信。大众传媒的舆论导向的功能能够引导更多的客户去尝试这种产品，当银行公关人员和媒体关系处好之后，通过大众传媒传播的效果远远比过去推销方式更为奏效。

（2）和谐的媒体关系，把握好传播时间，让传播的范围扩大

大众传媒拥有传播范围广、速度快、影响力大的优点。银行通过原先的“叫卖式”推销显然不能让产品被大多数人所熟知。此时大众传媒的力量，可以获得事半功倍的效果。

当公关人员和“把关人”保持一个和谐的合作关系，就争取到银行报道的最佳时间，把传播的内容推送出去，从而让传播延时性最短，同时取得最大的传播价值。

第四章　建设银行媒体公关团队

随着媒体环境日益复杂，银行相比过去面临着更大的危险。银行要想存活，银行公关人员必须组建银行媒体公关团队，发挥团队一股绳的力量，从而更好地应对银行的危机事件。建设银行公关团队，银行公关人员可以从组建银行新闻办公室、明确媒体公关责任人两方面入手。

组建银行新闻办公室

媒介化时代的到来，让信息的传播途径多样，信息传播的广度变宽。银行传统的公关部已经不能快速解决好银行的危机事件。组建新闻办公室不失为一个好的解决方案：新闻办拥有一流的公关人才、先进的公关技巧，能够协调好媒体、客户之间的关系，将危机迅速降温，快速解决掉银行的危机。

1. 新闻办公室的本质和作用

很多管理人员问我："为什么要组建一个新闻办公室？它的本质是什么？"我的回答是："组建新闻办公室的本质就是沟通好媒体和客户，良好的沟通是他们信任你的基础。"

沟通是现代企业必须学会的一项技术。很多企业都是因为和媒体沟通不畅，而陷自己于不利地位。例如，2013 年农夫山泉"质量门"事件，就是因为企业与媒体没有进行很好的沟通，危机公关处理不当，媒体断章取义式的报道让农夫山泉品牌资产价值迅速下滑。

新闻办公室是银行独立组织机构，直属最高领导者统领，主要进行媒体和客户的沟通。当银行遭遇危机时，新闻办公室的工作人员能够迅速做好对外发言准备，接受媒体的提问，回答记者的问题，从而避免发生报道不实、损害银行声誉的事件。

新闻办公室的成立，让客户投诉有门。客户把自己的投诉传递到新闻办公室，办公室人员快速做出回应，这种及时的沟通能够很快将问题解决掉。客户的投诉得到了最快的解决，就会对银行形成极佳的品牌印象，品牌的实力也会得到增强。

银行成立新闻办公室要充分网罗更多优秀的公关人才，让公关人员在这个平台上可以充分发挥自身的创意，让公关活动更好地打动客户的心。

过去银行的公关人员都是从管理部门、行政部门“生抓硬扯”到公关部门，整体的公关实力较弱，处理危机事件的效果往往不尽如人意。现在新闻办公室作为一个独立的公关部门，工作人员都有娴熟的公关技巧，在处理一些危机公关事件时游刃有余，减少了危机对银行的伤害力。

新闻办公室让银行的赢利模式多样。成立银行的新闻办公室能够接收到大量客户的建议，工作人员对这些建议经过分门别类的整理后反馈到银行管理层。由管理层分析出现这些问题的原因，进而调整银行的产品结构、模式，最后推出更适应现在消费者的产品，让银行的赢利模式更多样，让自己在互联网时代能够更好地生存。

新闻办公室的设立能够让银行的危机得到更好的控制。银行在进行危机公关时，新闻办能够第一时间发声，给媒体和用户一个满意的答复。同时这个组织作为一个专业公关组织在进行公关时，能够使用更巧妙的公关技巧将危机处理掉，让银行处于一个相对安全的区域。

2. 新闻办公室的角色与功能

银行成立新闻办公室时，管理者首先要弄清楚新闻办公室的角色是什么，也就是首先要找准它的定位，之后在定位中自然会衍生出它的具体

功能。

（1）媒体的“联络员”

新闻办公室充当银行和媒体的联络员，它能够让两者之间的沟通更为顺畅，让两者实现互惠：银行公关活动通过大众传媒得到大范围的推广，媒体要对银行事件进行跟踪报道时，先和新闻办公室取得联系，之后就可以安排具体的采访方案，保证媒体的采访权。

新闻办公室架起银行与媒体之间的桥梁，桥梁的维护就是要靠公关人员，修正桥梁上不平的道路，让银行与媒体通道更为平整、顺畅。公关人员要和媒体保持长期稳固的联系，和媒体有一个和谐的关系，抢得更大的先机让公关活动发挥最大的价值。

（2）管理者的“谋士”

新闻办公室是处理投诉、建议、危机的地方。这个机构可以说是银行漏洞的见证者，它知晓着银行最新出现的问题。新闻办公室在问题环境中浸染生存，必然知悉问题出现的原因，在银行具体问题的处理上也会颇具心得。

银行管理者在管理银行时，可以借助新闻办关于投诉的数据、资料，做出更科学、标准的战略计划，这样就能防止计划不周而带来利润损失。新闻办公室就好似古代的谋士一样，在银行的市场作战中，为管理者提供军队出现的问题、竞争对手的实力、消费者投诉等一些翔实的数据，从而让消费者做到“知彼知己，百战不殆”。

（3）客户的“服务员”

新闻办公室更能当好用户的服务员，过去银行和客户的关系更多的是一种老板和员工的关系，银行充当老板的角色，高高在上，客户把银行定位成一个可以依靠的大树，现在客户是银行的上帝，客户由员工摇身变为老板，主动权更大。银行必须转变服务理念，才能赢得更多用户的青睐。

现在新闻办公室作为一个切口，能很快地将银行的服务营销思想贯彻始终，客户通过新型的社交媒体，如微博、微信、QQ 将自己的建议或投诉传送到新闻办公室。新闻办公室得知用户的建议或投诉之后，迅速运用银行的后台工作人员进行及时的处理，并及时反馈给用户，从而让客户满意。客户满意之后银行才有实现客户二次开发的可能。

新闻办公室扮演媒体、管理者、客户的角色，只有平衡好三种角色的比重，才能让银行在激烈的市场竞争中生存下来。

3. 新闻办公室的工作问题

银行管理者向我反映，新闻办公室的成立在一定程度上确实能提升银行公关能力，但是银行在处理一些棘手的危机公关时仍显得不够成熟。新闻办公室在工作中存在以下问题。

（1）银行危机事件发生后，新闻办公室未能把握好第一时间淡化危机

银行发生危机之后，新闻办公室未能主动和媒体沟通，给媒体提供一些有价值的资料，而是等领导者做出批示。领导考虑的时间超过媒体、用户期待的时间，那么银行进行的公关活动很有可能事倍功半。

银行想第一时间淡化危机，就要在危机发生之后，迅速拿出危机解决方案。要想迅速拿出解决方案，新闻办公室必须对公关人员进行培训，培养他们对公关事件的敏感能力以及在危机发生时迅速做出公关方案的能力。

（2）危机发生时，银行的对外宣传未能保持统一口径

当危机发生时，新闻办公室没有把公关核心思想让银行每个部门了解，当媒体采访银行不同的工作部门时，各部门可能会给出不同的声音，有时这些声音是自相矛盾的，进而影响到公众对银行的信赖。

所以，新闻办公室制订好危机公关计划后，要保证银行各部门保持统一的口径。

（3）新闻办公室在公关时不敢承担责任，未能把客户放在首位，对待媒体的态度不友好

当银行在处理危机时，应该充分考虑到感受客户感受，而不是一味地推卸责任，将事情推到“临时工”的头上。新闻办公室在处理问题时，对待媒体态度都是采取不配合、谢绝采访态度。这种态度只会让媒体认为银行有难言之隐，进而凭空杜撰出稿件，误导消费者，降低银行的信誉。所以，面对媒体，银行应开诚布公，媒体报道也会更加客观、真实。

银行公关人员要想让新闻办公室发挥最大价值，应确保新闻办公室在工作时避免犯上述三种错误，这样才能让新闻办更好地发挥沟通媒体、为银行发声的功能。

4. 新闻办公室的具体职责

新闻办公室就是管理危机的机构，身兼危机的侦查和分析、预测危机、判断危机的职责。银行新闻办公室只有承担好具体职责，才有可能让银行一直处于一个舆论安全的位置。

（1）做好危机的侦查和分析可以把危机扼杀在摇篮里

新闻办公室的公共人员随时要保持一颗敏感多疑的心，准确识别危机，快速反应，把一些银行危机扼杀在摇篮之中，做到防患于未然。

（2）预测危机也是新闻办公室重要的职责

有些危机是银行避免不了的，像新的竞争对手出现，快速蚕食银行的市场份额，这是市场的客观规律，新闻办公室要做的就是通过各种数据、信息来预测银行遭遇这种危机的可能性，如果发生这样的事，银行应该做什么准备。还有就是要给银行提供解决危机的措施。

（3）解决棘手的银行危机事件是新闻办公室最重要的职责

很多危机事件到来时毫无征兆，一个突发的事件就有可能让昨日屹立辉煌的企业迅速垮塌。2008 年的三鹿奶粉事件，从曝光之日起就让企业陷入一蹶不振的境地，时隔不久庞大的企业就此坍塌，对于银行来讲这都是血淋淋的教训，新闻办公室只有掌握处理一些像“原子弹”式的危机事件的能力，才能让银行避免陷入被动的局面。

新闻办公室要想担负起解决危机的职责，需要做好多方面的协调，处理好媒体、客户之间的关系。同时新闻办公室也要培养公关人员对危机事务的应急能力，让他们迅速进入到危机事件的状态。

要想让新闻办公室发挥好银行的“喉舌”功能，就需要新闻办公室做好本职工作，管理好危机，做好危机的预测、防控、处理。

5. 新闻办公室的组织架构

新闻办公室的组织架构是一种两层式“金字塔”模式。“金字塔”的顶端是新闻办公室组织的领导者，由银行领导者任职。底端由“核心小组”和“策应小组”组成。核心小组主要由专业公关人员、管理人员、财务管理组成；“策应小组”包括后勤部门和接待部门。

你可能会问“为什么‘金字塔’顶端是银行的领导者”，而不单独设一个领导者。还有“核心小组”和“策应小组”在新闻办公室是如何工作的？

新闻办公室在具体的工作中需要借用各部门的力量来完成公关活动。要想让其他部门完成工作，需要一定的权力，在银行中只有领导者能够最大限度地调动各部门，以保证新闻办公室在进行公关活动时能够得到各部门共同协助。假如从新闻办公室中选出一个领导者，这个领导者的权力不大，很难让其他部门来配合新闻办进行公关活动，这样就不能保证公关活动实现最大价值。

另外，其他部门领导者也不能成为新闻办公室“金字塔”的顶端，因为其部门利益有可能是他进行公关活动的重心，这样有可能会造成其他部门不满，导致银行的秩序发生混乱。

银行最高领导者站在“金字塔”的顶端，运用各种权力要能够做到权力不滥用、混用，更好扶持新闻办发展，让新闻办增加银行品牌实力。

（1）“核心小组”是新闻办公室的心脏

“核心小组”主要是做银行公关活动的具体制定、管理和实行。把新

闻办公室比作一个自然人，领导者是人的大脑，对公关活动进行把关、决策，“核心小组”就是新闻办公室的心脏，控制具体公关活动的血液循环、养分的提供，它是新闻办公室的顶梁柱。

“核心小组”最核心的力量就是专业的公关人员，他们有专业的公关技巧，拥有较高的公关素质，能够很快想出具有创意的公关活动，他们就像顶梁柱的脊柱一样支撑着整个新闻办公室。

管理小组、财管小组作为新闻办脊背的血和肉，让新闻办公室更加厚实，他们将新闻办公室的运营成本降低，使得新闻办公室更好地服务银行。

（2）“策应小组”是新闻办公室的四肢

后勤部门就像新闻办公室的双腿，帮助新闻办公室在前进时走得更快、更远。行政后勤人员帮助危机小组处理好行政事务，让公关人员在处理危机的时候没有太多行政上的担忧。

接待部门就像新闻办公室张开的双臂，更好地迎接客户和媒体，通过热情的服务将银行和他们之间的隔阂打破，获得他们更多的好感。

银行领导者统领，公关人员、行政后勤倾尽全力支持领导决策“金字塔”式组织结构，让银行的危机在短时间内得到最快的处理，有时也会将危机转化为机遇，掀开银行新的发展篇章。

6. 新闻办公室的协调工作

新闻办公室充当银行内外信息交流的催化剂，即发挥协调功能，让银行内外信息之间进行充分的化学反应，发挥信息的最大的价值。

（1）协调好银行内部信息，加剧银行血液循环

古语云“工欲善其事，必先利其器”。这句话的意思是：要想做好一件事，首先要把工具打磨锋利。这给新闻办公室的启示是：要想顺利解决银行危机事件，首先你先要使银行内部关系融洽，沟通顺畅。

员工和股东是新闻办公室协调内部信息的主体。员工是银行发展的主力军，只有他们团结一致，才能让银行整体向前；股东是银行的衣食父

母，他们为银行提供源源不绝的资金支持，协调好股东能够让银行资金链处于安全的地位。

对于如何协调两者的关系，我认为新闻办公室要把“尊重”两个字做到极致。尊重员工和股东的权利，尊重他们的需求，同时新闻办公室在协调双方时，切不可采取“想当然”的态度，要细心听从他们的意见。

（2）协调好外部因素，减弱危机对银行的影响

一旦银行发生危机事件时，新闻办公室不得不面对蜂拥而至的媒体、客户的追问，同时也要给政府一个满意的答复。要想快速解决危机，就要协调好这三方的外部因素。

面对危机新闻办公室应真诚对待媒体、客户、政府，勇敢地承担起社会责任、法律责任。

在对待新闻媒体时采取一种开放的态度，接受新闻媒体的采访。对待客户应积极和用户沟通，承诺将用户的利益放在首位，不让用户的利益受损。对待政府要真诚，如果事件比较严重，要第一时间寻求政府的帮助。

当新闻办公室对待外界都保持一种真诚的态度，那么外界也必然对新闻办公室持真诚宽容的态度，为新闻办公室提供更多的信息，帮助银行更好地发展。

新闻办公室通过“尊重”协调内部关系，使得银行的内部氛围轻松，极大提高银行的竞争力；使用“真诚”手段和外部关系融洽，在危机的处理上掌握更大的主动权，淡化危机，更好将危机解决掉。

7. 银行外部公关顾问

银行组建的新闻办公室往往是“旱鸭子下水——头一回”，新闻办公室的公关人员可能是从行政部、宣传部借调而来的，自身能力不强，缺乏专业的公共知识，很难短时间内进入公关的工作状态。

随着移动互联网时代的到来，媒介环境复杂多样，银行传统公关不再是神丹妙药，逐渐出现公关起效慢、效果不佳的问题。新闻办公室要想迅

速提高公关人员的素质，获得更新的公关方法，可以借助银行外部公关顾问来提升新闻办公室的整体实力。

很多银行引进外部公关顾问到新闻办公室，不但没有促进公关能力的提升，反而出现“外来的和尚不会念经”的现象：在危机事件的处理上，银行公关人员和外部公关顾问意见不统一，争执的时间过长，错过了最佳危机处理的时间，未取得最佳时机来解决银行危机。

（1）要统一银行和外来公关顾问的价值观

当银行引进外来公关顾问时，首先应明晰公关顾问的价值观，判断他的公关思想是否和银行的公关思想、目标匹配。只有统一价值观才能让公关有最大的合力，更快地推动银行公关能力的增强。

（2）要解决好银行公关人员的排斥心理。

很多公关顾问向我诉苦，他们和银行公关人员的人际关系一直欠佳，他们一直想融入到银行公关的集体中去，但是一层厚厚的“柏林墙”将他们隔开，他们的公关命令执行力一致欠佳。

要想解决这个问题，就需要新闻办公室的管理者在引进公关顾问前，给银行的公关人员开会，告诉他们新闻办公室聘请顾问的目的是提高银行公关能力，快速解决危机。所以大家要相互配合、合作，让整个团队的公关能力得到提升，而不是采取“本土主义”故步自封。

外来公关顾问帮助银行解决危机事件之后，并不意味着他公关工作的结束，他应该参与危机传播效果的跟踪和银行品牌力的重建，使得品牌顾问后续价值延长。

明确媒体公关责任人

银行明确媒体责任人，明确新闻发言人，能够更好地回应媒体和记者的提问，帮助银行减少不良舆论，使得发声更具价值、更有分量。如何选好一个合适的发言人？发言人应该怎么做？这些问题一直困扰着银行公关人员，相信本节内容能够让你的疑虑烟消云散。

1. 由银行新闻发言人直接面对媒体

银行以前发生危机事件时，往往采取“封、捂、堵、压、瞒”的方式对待媒体。这五种方式不但不能抑制住危机的传播，反而会激起媒体的强烈不满，让银行和媒体处于一种剑拔弩张的状态。现在新闻办公室设立新闻发言人直接面对媒体，向媒体坦诚讲述危机的原因，这种交流方式，能够满足媒体的报道欲求，双方的关系也更为和谐。新闻发言人直接面对媒体有以下几点好处。

（1）减少媒体捕风捉影式的报道

当银行发生危机时，银行新闻办公室应该第一时间组织新闻活动，确立新闻发言人、邀请相关媒体参与新闻发布会。在银行新闻发布会上，新闻发言人直接应对各种媒体和记者的提问。在回答问题时，把银行对危机事件的看法、危机产生的原因，以及银行如何解决危机讲明白，让媒体了解更多危机信息，从而避免它们进行捕风捉影式的报道，防止因不实报道而对银行产生的负面影响。

有的企业当危机发生时，认为公众有明辨是非的能力，没有第一时间发声。许多媒体就进行断章取义式的报道，导致大量不实的信息充斥于公众间，新闻舆论的导向力让公众相信媒体的不实报道，短时间内企业的用户大量流失，利润也随之大幅度下跌。

（2）给投资者注入一剂强心针

新闻发言人直接面对媒体，让投资者看到了银行敢于承担责任的表现。投资者会认为既然银行敢设新闻发言人，也就说明银行能对危机有整体的把控。银行设立新闻发言人的做法，给投资者注入了一剂强心针，但这个强心针的受益人是银行。

新闻发言人第一时间面对媒体，掌握这场危机公关的话语权，这样就

不会出现媒体牵着银行鼻子走的现象。银行新闻发言人直接面对媒体，同时新闻发言人直接面对媒体回答问题，让投资者清楚了解危机、银行的信息、所处的状况，就不会减少对银行投资的信心。投资者的不放弃，也会让银行危机得到快速解决。

2. 银行的新闻发言人胜任人选

银行新闻发言人作为银行形象的“设计师”和与媒体、客户沟通的“润滑剂”，在银行公关活动中扮演着重要的角色。关于新闻发言人人选问题，银行中出现不同意见：一方认为由银行的最高领导人担任，因为领导人的话语分量重，容易让媒体和客户接受；另一方认为发言人应该由银行公关领导者担任，他们拥有专业的公关知识兼伶牙俐齿，所以他们是最合适的人选。

仅仅考虑这两方是不够全面的，新闻发言人的人选问题应该根据银行危机事件的程度来决定。一些关于银行生死存亡的危机事件或者重要的公关活动，由银行最高领导者担任新闻发言人；其余的危机事件交由银行公关领导者担任。

原因是：新闻发言人要直接面对媒体，所说的每一句话都是有风险的。所以新闻发言人一定要保证自己说的每一句话都能经得起记者和媒体的推敲。所以，在银行一般危机公关处理上，公关小组的领导人应充当新闻办发言人。另外，他不是银行的领导者，他说的话有一定的回旋之地，假如他的言辞不当，这个时候领导再出面进行公关活动也能将这个危机化解掉。

当银行出现重大危机或者举行重大公关活动时，领导可以作为新闻发言人，一方面显示银行对这个事件活动的重视；另一方面也会引来媒体的围观，扩大公关活动的影响力。

在银行领导充当新闻发言人时，公关人员要注意：领导在充当新闻发言人时，必须由专业公关人员进行全程陪同，一旦领导回答不畅时，公关人员用手势对领导进行暗示，给领导提供及时有效的帮助，化解掉尴尬。

领导的新闻发言稿，必须是专业公关人员撰写的，同时要对发言稿进行多次审查修改，确保发言稿的一字一句都是按照公关人员规定的流程进行，公关人员对发言稿全方位的把控，会降低出错的概率。

根据危机强弱程度选择与之相符的新闻发言人，一方面能够快速将危机化解掉，另一方面会避免因新闻发言人使用不当而引来不必要的麻烦。

3. 银行新闻发言人的职责

银行新闻发言人一直是媒体的宠儿，“不想当新闻发言人的公关人员不是一个合格的公关人员”。每一个公关人员都想成为发言人，新闻发言人是不是只需要做好台上几分钟就行呢？显然不是。新闻发言人只有履行好以下三个职责才是一个合格的新闻发言人。

（1）做好事无巨细的台前准备

在进行新闻发布会之前，新闻发言人要针对发布会的内容、目的、形式有一个充分的认识，针对发布会的内容分析记者最有可能提出什么问题，这个问题重要级别是什么，谁回答比较合适等。

另外，在新闻发布会之前，发言人应该想好请哪些新闻媒体，提前和一些影响力较大的媒体进行联系，将银行对这次公关活动的目的、内容和其充分沟通，以发挥好影响力大的媒体的效用。

媒体、内容分析做好之后，新闻发言人就要写个详细、有逻辑、更能体现发布会价值的新闻稿，这个新闻稿必须要体现出银行对这次公关活动的态度和看法、从而发挥新闻发布会的最大价值。

（2）掌握话语权，引导媒体

在新闻发布会上，新闻发言人采取先发制人的方法，第一时间表达银行对这个危机事件的看法、态度，掌握好话语权，引导媒体的提问。不能出现像过去由媒体来主导整个新闻发布会，让银行处于一个被动的状态。

另外，在新闻发布会上，新闻发言人直接面对媒体时要大方自信。在回答记者的问题时，要抛出清晰的观点，防止因表达不善而造成一些“乌龙”事件。同时针对发布会重点问题，可以在回答记者问题时从不同角度切入，将银行对危机的态度加进去，反复强调，让媒体有个清晰的认识。

（3）做好发布会效果后期收集工作，让发布会价值看得到

新闻发言人做好新闻发布会之后，并不意味着他的任务完成，相反，他还要收集各家媒体对这次新闻发布会的看法。分析媒体的说法是否属实，如果属实，就要通过赠送小礼物感谢。假如媒体言论不实，就要和媒体沟通，联系询问出现不实的原因。

在银行举行银行危机发布会之后，要对危机发布会准备、过程、出现的问题进行整理，存入银行的危机处理文档中，为解决银行未来公关问题提供帮助。

优秀的新闻发言人会做好新闻发布会前后所有工作，让一场新闻发布会形成一个闭环的网络，让媒体传播出银行举行发布会的核心思想，实现发布会价值的最大化。

4. 诚信是新闻发言人的立身之本

当今时代，缺乏诚信就是最大的破产。新闻发言人要想让所讲的话在媒体、客户的心中有分量，首先要改变过去“拍胸口保证，拍屁股走人”不诚信的做法，必须要对自己所说一字一句负责任，让每个字都有分量感，做到言行一致。

过去发生危机公关时，银行为了掩盖危机，会提供一些虚假的数据、不真实的材料、证明，让新闻发言人发声，表明银行并没有出现危机，或者淡化危机等级。这种做法是不诚信的，会误导公众，降低银行的信誉度。

（1）诚信是银行公关活动的立身之本

新闻发言人在进行公关活动时，媒体和客户将他视为银行的本体，将他对危机的态度等同于银行的态度。他不诚信实际上就代表银行不诚信。

现在一个组织要想在当代社会立足，必须要有一张诚信的名片，诚信名片的缺失会让银行陷入信任危机。

味千拉面的“材料门”炒得沸沸扬扬，起因就是消费者发现味千拉面的骨头汤不是采用正宗的大骨头熬制，而是采用骨头浓缩剂勾兑而成。味千拉面新闻发言人声明骨头汤全部为大骨头熬制，但是记者抽检发现，汤依然是采用骨头浓缩剂勾兑而成。味千这种不诚信的公关活动，没有解决掉危机，反而让大量的粉丝转为路人。

当银行遭遇到类似味千拉面的危机时，新闻发言人要敢于承担，勇敢地说：“如果你说的情况属实，是我们的责任，我们一定承担。”负责任的态度会为银行在处理危机时加分，如果真的是银行的问题，银行要勇敢承担起责任，采取一系列诚信的公关活动来降低危机对银行的伤害。

（2）不诚信的新闻发言人会让银行丢失大量的用户

任何人都讨厌被人蒙在鼓里，对于客户来讲也是如此。不诚信的新闻发言人就是在帮银行去欺骗用户，这是不可取的。当银行遭遇到危机事件时，新闻办公室主动公布银行的真实情况。客户看到银行一颗真诚的心，他很可能就不会将资金转移走，因为他们认为一个诚信的银行必然是个长期稳定发展的银行。

新闻发言人举行公关活动时要坚持诚信发声的原则，让发声更有价值和强大的说服力，同时诚信的发声公让银行获得更多用户的青睐，获得更广泛的群众基础。

5. 新闻发言人如何面对媒体

优秀的新闻发言人面对媒体能够游刃有余，给媒体提供更多准确的内容。以下 3 个方法可以帮助新闻发言人更好地应对媒体。

（1）危机发生后，第一时间联系媒体，组织公关活动

银行出现危机时，新闻发言人要第一时间联系主流媒体和其他辅助的传播渠道，组织公关活动，帮助银行掌握公关活动的主导权，改变过去的

媒介关系。银行在媒介活动中处于主动地位，银行更能引导媒体的话语权，让新闻媒介站在银行的角度考虑问题，媒体就会发布一些对银行有益的消息。

同时在新闻发布会上，新闻发言人要最短时间讲事实，谨慎讲出危机发生的原因，提出具体解决方案，给新闻媒体和公众一个满意的答复。

（2）在回答媒体提问时尽可能提供客观、准确的信息

新闻发言人同媒体打交道时，态度一定要端正，最大限度地为记者提供更多客观、准确的信息。

新闻发言人在给媒体提供客观、准确的信息之前，要从不同角度判断信息的正确性，防止因错误信息引起不必要的麻烦。

（3）对待敏感问题要理性，尊重媒体和记者

银行新闻发言人在回答记者的提问时，经常有记者提出敏感或刁钻的问题，这时候发言人一定要理性，切不可慌张，把记者提出的问题在脑海中重新过滤一遍，想清楚记者提出这个问题想得到什么样的回答，之后灵活运用话术，就能避免尴尬的出现。

提升新闻发言人面对媒体的能力，是银行在媒介化时代下的迫切需求。新闻发言人面对媒体能力的提高，才能更好地利用新闻媒介的力量，淡化危机，提升银行整体的文化软实力。

第五章　妥善应对媒体

银行公关人员妥善应对好媒体，能够让银行借助媒体更好地发声。如何应对媒体？我认为首先不要去触碰媒体应对大忌，掌握与媒体工作的应对和接受采访的方法，就能让你在处理媒体业务时游刃有余。

媒体应对大忌

在银行公关人员向我讨教如何和媒体处好关系的方法时，我会说：“和媒体相处就像追女孩子：在追女孩子时，你首先要保证自己不做她反感的事。公关人员要想和媒体相处首先要清楚哪些是媒体的禁区，这样才有和媒体建立好关系的基础。”

1. 保持沉默

银行出现危机事件后，大量媒体蜂拥到银行门口，围追堵截银行的公关人员，任凭记者费尽口舌，公关人员对记者提出的问题仍是保持缄默的态度。

公关人员不敢发声的原因是：会不会因为这个危机缺口，发声之后，暴露出银行更多的危机，另外一旦发声过激，很有可能给银行带来二次伤害。

保持沉默虽然能够杜绝因发声过激给银行带来不必要的损失，但是长时间的沉默会让媒体和客户产生疑问：是不是银行这个危机过于严重？资金链断了？银行不敢发声了，导致银行的信用在媒体和客户心中急剧下降。

保持沉默也会让银行丧失最佳的发声时间，在危机处理中有个24小时制，即在危机发生的24小时内进行公关活动能够最大限度地降低危机，银行长时间的沉默让自己丧失危机挽救的最佳机会，很有可能造成危机失控，引发大的危机。

对媒体保持沉默是一种“捡了芝麻丢了西瓜”的做法，虽然防止了因发声过激给银行带来的影响，但是却因沉默失去了最佳危机挽救时间，失去了媒体和客户的支持，是一种得不偿失的做法。

2. 掩盖事实

掩盖事实也是银行公关人员面对媒体的大忌。过去银行出现危机时，公关人员虽然第一时间组织新闻发布会，但是在新闻发布会上，公关人员用假的资料和信息企图掩盖危机，欺骗媒体和客户。掩盖事实的行为，一旦被媒体和客户识破，对银行的品牌形象将是致命的一击。

光明乳业的“回奶门”事件炒得沸沸扬扬。事件的起因是媒体经过暗访发现郑州光明生产基地把过期、变质的牛奶，重新加工包装之后，拿到市场销售。此报道一出立即引起光明乳业的重视，企业迅速组织新闻发布会，斥责新闻报道不实，称光明乳业永不会让变质奶流入市场。但随后记者再次进行暗访，发现企业仍然将过期牛奶重新加工，这种掩盖事实的企业行为让消费者唾弃。

光明乳业这种掩盖事实的公关活动的做法是幼稚、不成熟的，不但没有将危机化化解掉，反而让企业陷入更大的信任危机。

光明乳业的例子给银行公关人员的启示是，一旦银行发生危机，公关人员应该第一时间召开新闻发布会，在银行允许的范围内最大限度地为媒体提供更多透明的信息，而不是用虚假的信息，刻意遮遮掩掩。

3. 推诿责任

推诿责任也是银行公关活动的一大败笔。银行遭遇危机时，新闻发言人不停地抱怨媒体环境的恶劣、竞争对手的不仁义，总是不肯从自身找原因。企业推诿责任的做法会让媒体和用户认为银行惧怕承担责任，对企业的信任度下降。

三鹿集团就是因为危机发生后一味推诿责任，企业在危机公关中以“这个事情不怪我”的姿态给消费者留下不负责任的印象，遭遇到空前的信誉危机，最后辉煌的奶业帝国以破产的方式惨淡收场。

仔细梳理下三鹿企业进行的危机公关，2008 年 9 月，新闻媒体报道甘肃多家医院有许多不满一周岁的农村儿童出现肾结石的病状，这些儿童都食用过三鹿奶粉。三鹿集团迅速召开新闻发布会，称儿童的肾结石与企业无关，很有可能是因为水源或遗传的问题。

同年 10 月，卫生部检查出三鹿奶粉含有三聚氰胺，三聚氰胺就是儿童肾结石的元凶，卫生部迫使三鹿集团给出一个说法。三鹿集团迫于压力，组织新闻发布会，称三聚氰胺和企业无关，是不法奶农掺入的，并要求公安部门抓捕不法奶农。

后来卫生部经过调查发现三聚氰胺是三鹿工厂在加工时添加的，与奶农无关。至此三鹿的企业信用彻底坍塌，企业不得不宣告破产。

“三鹿奶粉”事件给银行公关人员的启示是，在银行的公关活动中，切不可采用推诿责任的做法。推诿责任只能让你的客户对你的信任度减弱，银行公关人员要做的是发生危机后，新闻发言人面对新闻媒体说“是我们的责任我们一定承担，我们绝不会推卸本应我们承担的责任”，给媒体和客户留下一个负责任的形象，树立一个良好的品牌形象，对未来银行的发展也是大有裨益的。

4. 反唇相讥

我经常应银行管理者的邀请，参加银行的新闻发布会。我发现很多银行公关人员在对待媒体的提问时态度不友好。特别是记者提出一个刁钻敏感的问题时，银行公关人员往往并不能耐心作答，甚至有的反唇相讥，直接对媒体进行指责。反唇相讥很容易让两者剑拔弩张，很多媒体人员就是听不惯发言人的发言而愤然离席。

银行公关人员采用反唇相讥的做法，很有可能让银行与媒体的合作关系降至冰点。银行下次再举行新闻发布会时要想再邀请媒体参加，就可能会碰壁。

公关人员面对记者的提问表现激动，采取反唇相讥的做法，会让记者认为这个问题银行比较重视，进而妄自猜测，作出捕风捉影的报道，让银行陷入新的危机。

那么，公关人员在面对记者的刁钻提问时是不是就无计可施了？显然不是，公关人员可以通过前文的桥梁沟通方法，巧妙地回答记者的刁钻问题。

5. 无可奉告

银行公关人员在危机公关活动时，要记住这一条“金科玉律”：千万不要对媒体说“无可奉告”这四个字。因为一旦公关人员说“无可奉告”，很容易让媒体认为银行有难言之隐，引起媒体的好奇，激起媒体不惜一切找出银行危机出现的原因的欲望。

当媒体从银行索问无果后，他就会询问一些经济分析师、银行竞争对手，从中获取更多的信息。

媒体很有可能根据这些信息，加上自己的猜想，编撰出一些不实的消息。所以，在危机发生后，银行应该主动发声，积极和媒体沟通，将正确、客观的消息传播开来，从而避免出现媒体不实的报道。

现在是个全民皆媒时代，每个人都能成为新闻的发布者。银行危机消息被一个人得知之后，通过网络媒介，很容易让危机在短时间内被更多的人熟知。银行采取“无可奉告”不但不能掩盖危机，反而会引来外界更多的猜测。

正确的做法是：积极组织新闻发布会，承认危机发生的事实。在回答记者的提问时，谨慎回答危机产生的原因，给媒体提供准确、真实的报道素材，防止不实报道破坏银行的声誉。

6. 信息混乱

信息混乱，即公关人员在回答媒体和记者的提问时，思路混乱，造成表达内容混乱且不完整。信息混乱还体现在公关人员对银行危机事件没有统一口径，降低危机公关的价值，滋生不实报道。

银行出现棘手危机事件时，公关人员面对新闻媒体，发表对危机的看法。一旦在回答记者提问时，思路混乱，抛出的信息混乱不堪，很有可能引起媒体的误解，给银行带来不必要的麻烦。

在我所处理过的众多的银行危机事件中，我发现银行公关人员口径不一是导致信息混乱的最大元凶。危机爆发之后，媒体迅速对银行危机进行调查。媒体调查后发现，银行公关人员和领导对危机有两种截然不同的看法，媒体披露银行口径不一事件，很快在市场引起轩然大波，投资者对银行的信心减弱，将资金转移走。同时口径不一容易让外界认为银行的团队协作力差，合作性不强，公关人员缺乏团队意识，对银行危机处理能力产生怀疑，让危机的处理难上加难。

银行要想在公关活动中避免信息混乱的出现，首先要建立一个完善的新闻发言人制度。确立一个公关能力强的新闻发言人，把银行对危机事件的态度精确地传递给媒体；其次在进行新闻发布会前，向银行所有的工作人员宣传公关思想，从而保证银行公关人员在回答媒体的提问时保持一个统一的口径，给媒体留下银行团队合作能力强的印象。

7. 最高领导者过早出面

公关人员面对媒体时除了上述六点大忌之外，还有一点就是银行出现危机后最高领导者过早出面。很多公关人员认为：最高领导人在危机活动中过早出面，会令媒体认为银行重视危机事件，会对银行处理危机的能力放心；同时领导运用硬权力最大限度地调动银行各部门来配合公关部更好地开展公关活动。

这只是公关人员一厢情愿的想法，并不能代表媒体的心思。在我和媒

体从业者探讨银行发生危机时，最高领导人应不应该过早出面的问题上，他们给我的答案是否定的。主要是因为以下两点。

（1）最高领导人过早出面容易“夸大”危机的等级

银行发生危机不久，领导人过早出现在危机公关活动上，媒体会产生疑问：为什么银行领导这么重视这个危机事件？是不是这个危机关乎银行的生死存亡？之后媒体就会沿着这个思路，撰写危机引起领导人重视的原因。媒体的舆论引导读者认为此次银行危机事件比较严重。原本领导人过早出面是为了淡化危机，反而让危机范围扩大。

（2）领导的不当言论让积累多年的声誉坍塌

很多领导过早出现在危机公关活动上，由于准备不周，没能解读出记者问题隐藏陷阱，发表了不当言论，让苦心经营多年的声誉坍塌。

2008 年汶川地震，房地产企业万科捐 200 万元引起网友的争议。董事长王石针对网友的质疑发微博进行回应：

①万科捐 200 万元是合适的。

②不能让慈善成为企业的负担。

③规定员工捐款不能超过 10 元，不让捐款成为员工的负担。

王石在微博进行的公关活动，并没有让网友满意。反而因为其不当言论，网友在微博上对其口诛笔伐，万科集团最终捐款一亿元，才把这场危机淡化。但是王石苦心经营的声誉却因此坍塌。

领导者最好不要过早出现在危机公关活动上，尽量晚发声。如果必须发声，就要保证自己的发声准确且响亮。

媒体工作者应对法

记者是媒体中身处最前线的执行人员，也是公关人员最经常接触的媒体工作者。银行工作中无论曝出大事还是小事，记者的造访都不可避免。

因此，如何接待记者，同记者良好沟通，就成为公关人员应对媒体的第一要务。

1. 与记者的沟通法则

根据我在工作中同许多银行的公关人员接触洽谈的经验，对记者抱有“不欢迎”态度的人数占据了绝大部分。银行公关人员的一个普遍性观点就是，记者是“敌人”，在想尽一切办法给他们的工作“找麻烦”。而剩余的公关人员中，持中立态度，对记者“不冷不热”的态度又占据了主流。真正从内心对记者的到访表示欢迎的，屈指可数。

由此可见，银行公关人员在对待记者态度上的错误定位，正是其与媒体矛盾频发的一项重大因素。态度不正、心情不好，面对记者的尖锐提问自然会“没好气”，场面也会向着不和谐的方向转变。

实质上，同记者沟通，正是公关人员基础工作的一环，也是其能力的重要表现。所以，应对记者，要像应对客户一样，做到有礼有节，在制度和能力范围内尽自己所能，让对方满意而归，同时不损害银行的利益与形象。

我在做培训课程中，也有着一些同媒体记者接触的经验，结合银行业的具体特点，提出了5项同记者沟通的法则，希望公关人员能借此合理应对，避免“祸从口出”。

（1）新闻永远不能被操控

媒体是一个完全独立的机构，记者也有他们自身工作的原则、目的和方法。银行的公关人员永远不要妄想记者能够和自己站在同一条战线，也永远不要妄想能通过自己的话术应对或其他手段来操控新闻报道。

有一些公关人员在同记者沟通的过程中，叙述了过多的主观意见，试图以此来“感化”记者，但结果却往往是弊大于利。一个专业的记者，必定会始终保持客观的立场，而不会简单地被片面之词所左右。

所以，在与记者沟通中，公关人员的回应应当以客观事实为主线，有

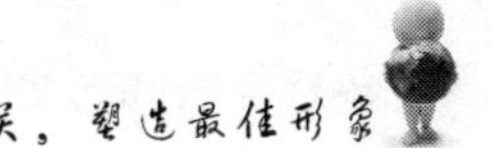
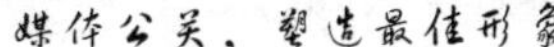

问有答，不问不答，只在最低限度内进行作答，不要说一些试图引导记者观点的“废话”，这反而会使自己陷入不利局面。

（2）对记者说的每一句话都可能被媒体广泛传播

公关人员在面对记者时，要对自己所说的每一句话负责，要确保每一句话都是自己可以说的，而不要不加筛选地将所有事情都告诉记者。正所谓“言多必失”，任何一句未经深思熟虑的话都有可能被媒体过度放大或歪曲解读，带来新的问题。

通常情况下，公关人员可以回答的内容包括银行内部可以对外公开的基础信息、经过调查规划后的事件内容要点、银行内部的统一口径、其他有权予以公开的内容等。而严禁回答的内容则包括对当地政府或相关政策的负面评论，对公司内部事务、发展战略、业务策略的过度讨论，关于竞争对手的任何非正式消息，对于媒体或竞争对手的比较、抨击，其他无权公开的内容等。

（3）记者是朋友，但不是商业伙伴

记者可以成为银行的朋友，但永远不可能成为商业伙伴，所以，公关人员在同记者沟通中严禁涉及任何银行内幕消息，未经授权的内幕消息披露会给银行的后续经营带来重大利益损害。

对于银行网点和总部的营业额、利润等重要的财务信息，提及时要慎重考虑，浅尝辄止即可，不要过于深入。而对于一些尚未公布的经营信息，如产品或业务方向、合并或收购事宜等，严禁讨论。未经许可，不得公开同合作伙伴的合作细节和具体进展，以及客户的具体信息等。

总之，同记者的沟通应当停留在事件本身，一些具体化的数字信息、未来规划、其他利益关系者的相关内容一定要尽可能避免提及。

（4）媒体扮演着“全知”的角色，但并非“全能”

媒体作为新闻的发掘者与发布者，追求真实性是基本的工作原则，但是由于角度和立场不同，媒体也难免会出现解读错误的状况，从而发布一些与事实情况相悖的报道。

因此，银行公关人员面对媒体的不实报道，应当冷静应对。特别是对一些没有主观恶意的错误报道，应当予以理解，宽容对待。在发现问题之后，公关人员应当首先确定消息源，尽快联系相关记者，并向他们澄清事实。切忌“针尖对麦芒”、恶语相向，这样非但不能解决问题，还会将事情的关注焦点从记者的工作失误转变到银行的恶劣公关态度上来。

（5）追逐“坏消息”是记者的本性，但绝非恶意

在公关人员的眼中，记者总是喜欢追逐一些“坏消息”，其实这是完全能够理解的。对于银行而言的“坏消息”，往往是客户或公众关注的焦点，也就自然容易成为媒体的关注焦点，挖掘这些“坏消息”背后所隐藏的原因、经过、影响也就成了记者的工作方向。这是媒体人工作的职责所在，并非包含主观的恶意倾向。

所以，面对负面报道，不要纠结于为何该负面消息被曝出，也不要由此对记者抱持敌视心态，迅速地查明原因、了解事态、解决问题才是当务之急。

公关人员在同记者沟通时，不能“沉默是金”，也不能“畅所欲言”，有重点、有取舍才是最关键的。我曾经全程目睹了一家农业银行网点接待记者的全过程，感觉做得非常得当。

事情大致是这样的：该银行网点在近日连续出现多起客户存折损坏的现象，因而引来了记者的关注采访。不过，对于事件的原因调查、具体的处理方案尚未有定论，按照上级指示，该网点不得对外妄下结论或承诺。在这种情况下，面对记者的采访，该网点的公关人员没有表现出为难或歉意，而是先感谢记者对事件的关注，并向其说明了上级正在调查，目前尚无最新消息，如有需要可代为联系上级的新闻办公室。之后，便立刻致电上级部门，并将负责人的姓名、联系方式告知来访记者。尽管记者此次采访可谓一无所获，但是对网点公关人员的态度却感到非常满意。

如果该网点因为上级命令，在同记者沟通时就以“无可奉告”或“无权接受采访”来应对，那么很有可能使记者借题发挥，从事件本身转移到银行的处理态度上来，造成更多问题。

所以，与记者的良好沟通的基础是礼貌的态度，而礼貌态度的来源则是正确的公关理念。公关人员要认清媒体的本质，了解记者的行动动机和模式，这样在各种对话场景中才能不急不躁，避免在沟通中失态。

2. 如何回答记者的提问

记者的提问与公关人员的回答是一场博弈，记者想要通过采访提问最大限度地获取新闻素材和内幕信息，而公关人员则是要用最低限度的语言回应记者的疑问，避免话题过于深入，暴露一些不愿回答或不能回答的内容。

有许多银行公关人员都曾向我询问如何回答记者的各种尖锐问题，一开始我也为他们提供了许多方法和建议。但后来我总结出，不管回答的形式和内容怎么变化，所遵循的原理都是类似的。关键就在于，公关人员要事先总结清楚中心思想，明确能说的和不能说的内容，然后再运用话术将回答引导向自己想说与记者想听的内容交集中。

而关于具体的应答话术，最常用的有两种：一是桥梁法，二是旗帜法。

（1）桥梁法

桥梁法是指公关人员运用合适的过渡性语言承接记者的问题，将话题直接引入到核心信息上来，从而化被动为主动，从接受询问转变为自主陈述。

桥梁法的整体实施模式可以大致概括为“表态—桥梁—转移至核心信息”的模式。该方法不仅应用广泛，而且其变化形式多样，根据记者提出问题的不同内容和性质，需要不同的应对话术。

如果记者的提问不包含任何异议要素，但是距关键内容和核心信息很远，那么公关人员可以先予以认同，然后进一步引申话题。比如，“是的，你刚刚所阐述的都是事实，但是除此之外，还有一些新的信息……”

如果记者的提问包含异议要素，公关人员不能予以接受或认同，那么公关人员可以先礼貌地否认对方的观点，然后转折到正确的论点上。比如，“不，情况并不完全像你所说的那样，请允许我解释一下……”

如果记者的提问目前尚无明确答案，公关人员无法给予断言，那么公关人员可以模糊信息，只从当前所掌握的情况作答，留出回旋余地。比如，“关于你刚才所说的问题，目前尚在调查中，我还没有得到进一步确证，不过，从目前所掌握的情况来看……”

以上三种场景都是桥梁法的不同应对方式，其基本的思路就是淡化记者提出的问题，通过恰当的过渡性语言将对话转移到核心话题上来，从而确保公关人员能始终掌握话语权，避免在一些相关问题上阐述过多，进而让记者抓住破绽，借题发挥。

（2）旗帜法

旗帜法是指公关人员面对不同记者的不同角度的提问，始终按照事先定好的口径表态，以不变应万变。

当一件事情被媒体曝光后，尽管不同记者的调查侧重点会有所不同，但关注的问题核心并不会有本质变化。因此，公关人员可以事先在银行内部开会模拟，探讨事件的关键所在及记者可能提出的犀利问题，并提前拟定好统一的应对话术，避免面对记者高频度的问题“轰炸”而疲于奔命。

比如，银行内部出现工作失误，导致客户受损，必然会有许多记者就问题产生的原因、经过发难，甚至会深入到银行的制度和业务流程。此时，公关人员就不能事无巨细地一一进行解释，而是应紧扣“如何弥补客户损失”和“如何避免再次出现相关问题”来作答。只要行动迅速，展现态度，让客户满意，事态自然能够快速平息。在许多时候，寥寥数语胜过千言万语，将时间与精力集中到行动上更重要。

这些应答话术，其实都有一个类似的特点，那就是“似答非答”，像是在回答问题，也像是在自我陈述。鉴于这一特点，提醒公关人员话术的使用务必要灵活、适度，要做到语言委婉、合情合理，否则会让记者认为银行在逃避关键问题。

3. 如何应对不同类型的记者

如何应对不同类型的记者一直困扰着银行公关人员。为了解决这个问题，我参加了各种新闻发布会、企业的公关活动，近距离、多角度观察记者。我根据他们提问的方式、语气、态度不同将其分为6种类型，之后针对每一种类型的记者总结出一套应对方案，来帮助银行更好地应对记者。

（1）“词典”型

这类记者喜欢先用一系列的数据、事实罗列出他的观点，以此来显示出自己对这个事件了解颇多。“词典型”记者在抛出数据时就好像在说“不要欺骗我，我知道的很多”。

针对这一类记者，银行公关人员不能被他的夸夸其谈所吓倒，在回答他的问题时，可以用更多他无法了解的远景知识，像银行未来发展的趋势、措施，提供一些银行新的数字和事实。讲一些他不知道的内容，就能更好地应对他的提问。

（2）“旁敲侧击”型

这类记者不是直接提出关键性问题，而是先抛出一个基础的问题。围绕这个基础问题，提出各种假设最后绕到关键性问题上，最终获得银行重要信息。

面对这一类记者，银行公关人员一定要保持高度的警惕性。当他提出假设性问题，可以利用上文中的“桥梁法”和其进行周旋，从而避免回答记者提出的假设性问题。

（3）“机关枪”型

这一类记者会连续提出若干问题，而且这些问题逻辑关系并不强。

在回答这一类记者提问时，把他提出的问题在脑海中过滤一遍之后，把那些触犯原则或者是比较难回答的问题过滤掉，选择一个简单的问题进行回答，之后，银行公关人员可以笑着说：“你这个记者很贪心，提这么多问题。剩下的问题会后我再给你回答，下面我要回答其他记者的问题。”

（4）“偷梁换柱”型

这类记者喜欢用自己的意图复述一遍银行公关人员的话，之后提出质疑。像银行公关人员说：“我们现在已经开始着手解决这些问题。”这类记者很有可能说：“你们现在才开始着手这件事，是不是原先管理者太过于疏忽。”

回答这类记者提问时，银行公关人员一定要表明出鲜明的立场。银行公关人员用这种口吻：“这件事情不是你讲的那样，而是我之前提及的那样。”之后银行公关人员把以前的内容重申一遍。

（5）“扔飞镖型”型记者

这类记者会提出一些敏感性问题，而且会准备好言辞比较犀利的评论。

能处理好这类记者提问的银行公关人员，才是一个合格的银行公关人员。处理好“扔飞镖”的记者，银行公关人员可以说：“你看待这个问题，用这样的眼光，我表示不理解。根据我的调查，我们这个问题是××。”用这种说法既能使场面趋于温和，也能表明公关对这个事件的态度。

（6）“急不可耐”型

这类记者最大的“爱好”就是打断银行公关人员的回答发表自己的评论，之后又抛出下一个问题。例如，银行公关人员在回答问题时，这类记者很有可能会说：“你这个回答并没有解决掉我的疑问，我对这个问题的看法是什么，对于这个看法，你的态度是什么？”

这类记者就像不守规矩的孩子，对待这类记者，银行公关人员要保持一个平和的心态。然后说：“你好，你的问题我过一会儿回答，你先让我

把这个问题回答好，再打断我好吗?”

当你清楚不同类型记者的提问方式之后，运用所总结的回答技巧，相信你能在回答记者的提问时表现得游刃有余。

4. 如何接受记者专访

银行公关人员在公关活动中或多或少要接受记者的专访。如何接受记者的专访，一直困扰着每个银行公关人员。我想如果银行公关人员要想做好记者的专访，首先要明白“专访”和“采访”的不同。

专访是记者请公关人员就专业性问题进行解答，专访前记者已经收集大量的资料，他准备的问题专业，问题目的性强；而采访则是，记者主要是为了收集资料，提出的问题泛于表面。

“专访”和“采访”相比问题更专业化。公关人员要想回答好专访有深度的问题，首先要做好专访前的准备，做到“知己知彼，百战百胜”。

银行公关人员首先要了解记者基本情况，像他供职在哪个新闻机构，这个新闻机构银行之前有没有接触过，新闻机构的性质是什么，它的报道风格怎么样，同时通过各种渠道了解记者的提问风格是什么样的。这样就能对记者有个整体的了解。

之后，银行公关人员就要思考记者为什么要进行这次专访，他想通过这次专访获得什么。自己针对专访提出若干问题，找出记者最关心的问题。围绕记者最关心的问题，也就是最深度的问题，做好一个详细、周全的方案，解决掉记者最大的疑问。

准备好专访前准备工作后，就是“万事俱备，只欠东风”了，这个“东风”就是在和记者打交道时的各种公关技巧。在专访时，我认为公关人员最应该掌握的公关技巧就是巧妙回答好记者的敏感问题。

记者专访原因可能是银行的危机事件引起他们强烈的好奇心，他们想进行一个深度、专业性的报道。这时记者会针对危机，大量收集资料，他抛出的问题不再拘泥于危机的表面，而是危机产生的本质原因是什么。

针对顾客对银行服务投诉量一直居高不下事件，记者专访公关人员，记者可能会提出大量的投诉是不是银行营销模式还是落后的“产品模式”，是不是管理人员的“高龄化”阻碍了营销模式的更新升级。

面对记者一针见血式的提问，公关人员要理性地回答这个问题，先承认银行确实发生大量投诉事件，之后针对危机发生原因谨慎回答，切不可因为“一时嘴快”，暴露出银行更多的危机漏洞。

当做好记者的专访之后，并不意味着专访活动就此结束。你要反思一下在采访时有没有漏掉一些重要资料，如果有，要及时联系记者，把资料在截稿之前发给他。另外也要督促他在发稿前把稿件尽快发给你，仔细看稿件出错的地方，确保稿件对银行的名誉只会加分。

公关人员做好采访前对记者的充分了解，会使专访的脉络清晰化；在采访时运用娴熟的公关技巧，将敏感问题平淡化；做好采访后资料的收集，让专访的价值最大化。

接受采访的工作心法

银行公关人员在工作中不可避免地要接受记者的采访。在采访时公关人员做什么，如何充分发挥采访的最大价值，是银行公关人员所困惑的。我认为银行公关人员在采访前应做好准备，采访中回答简洁，说该说的话，做该做的事，同时做好总结，就能应对好记者的造访，通过采访为银行加分。

1. 划清公开讲话与非公开讲话的界限

很多银行公关人员在接受媒体采访时经常犯的错误是：不能说的话乱说。究其原因主要是公关人员没有划清公开讲话与非公开讲话的界限，没有意识到有些话一旦通过大众传媒传播后，很容易对银行品牌形成伤害。要想做一个“善讲话”的公关人员，划清公开讲话与非公开讲话的界限，

在采访时不要犯下面两种错误。

（1）详细解释银行危机发生的原因

前文提到，和记者沟通要真诚，但是这个“真诚”不是要你披露银行最真实的一面。过于具体解释银行的危机，很容易暴露银行的更多危机。

当记者针对银行的储户减少，银行的可用资金额缩小的危机向你提问时，这个时候正确的回答应该是：“发生这个问题，可能是经济环境市场的变动让储户的投资需求发生了变化。”

但是很多公关人员却说起互联网理财的兴起，获得大量散户的青睐，导致银行的存款减少。假如你回答了互联网理财，记者可能就会针对互联网理财问你问题，到时候你可能会不自觉地描绘出互联网理财颠覆银行的画面。

这样媒体很有可能根据你的描绘，发一篇名为“银行公关人员承认互联网金融将会取代传统银行”的文章，此篇文章一出，必然加重公众看衰银行之势。银行很有可能因银行公关人员说的太多而陷入更大的危机。

（2）在回答记者时，说“银行对此也无能为力”

在采访中，记者问：“针对银行的××事件，银行打算如何处理？”公关人员回答：“这个事件，银行暂时还没有处理结果，银行对此也无能为力。”一旦说了这样的话，媒体就会认为银行没有能力去处理这件事。

媒体可能以“××事件，让银行举步维艰”为标题发文。媒体舆论的引导力，就会使投资人认为银行会因为这个事件出现更大的危机，投资人很有可能将投资的钱转移走。而资金作为银行的血液，出现漏洞很快会让银行迅速枯竭。

公关人员被采访时，首先要意识到你代表银行，银行通过你来发声，你说话时首先要明白你说的话会通过大众传媒使更多人听到，所以你必须要谨慎。另外，你在说话时，一定要避免上面的两种说话类型，让你说的每句话不越界，同时发挥每句话的最大价值。

2. 采访前30个要思考的问题

古语云“凡事预则立，不预则废”。这句话告诉我们：要想做好一件事，必须要做好准备工作。公关人员要想在记者的采访中应付自如，不妨在采访前思考下面30个问题，以便更充分地做好采访的准备工作。

①来访的媒体类型是什么？是传统媒体报纸、广播、电视、杂志，还是新型媒体互联网、移动互联媒体？媒体类型不同也表示传播速度、方式不同，作为银行应该选择传播速度快、受众广的媒体。

②媒体的风格是什么？是偏重互联网金融，还是传统财经版块？银行公关人员应该选择与所在银行适配的媒体。

③媒体的受众是谁？学生，白领还是企业家？和银行没有交集的受众，公关人员接受采访毫无意义。选择银行受众交集最大化的媒介，才能发挥媒体最大作用。

④媒体的影响力如何？是全国性媒体，还是地方性媒体？

⑤媒体的采访方式是什么？是电话采访，还是网络采访？针对不同的采访方式，银行公关人员需制定不同的采访对策。

⑥采访之前要和媒体取得联系，定好时间之后，做好时间的管理，发挥时间的最大价值。

通过问题①~⑥，银行公关人员可以了解媒体的具体情况，之后对记者也要有个大致的了解，具体可以思考⑦~⑩问题。

⑦记者的类型是什么？是专栏作家，还是“社区作家”（即供职于小镇、小型的电视台和广播的记者）？针对不同的作家类型，可以提供银行不同角度的信息。

⑧记者的提问方式是什么样子？是“迫不及待”型还是“假定分析”型？对记者的提问方式了然于心之后，根据前文6种类型记者回答方法，从而更好地和记者沟通交流。

⑨记者报道的态度如何？是负面报道多还是正面报道多？

⑩记者偏爱于哪一类型的报道？在他的报道文章中是互联网金融多，还是传统的财经报道多？

通过问题⑦~⑩，对记者有了全面的了解之后，就要开始对采访时提出的问题做出思考，具体可参考问题⑪~⑲。

⑪为什么记者要进行采访？肯定是银行危机事件引起记者极大的好奇心，这个时候你就要思考为什么会引起他的好奇心。

⑫为什么记者在这个时候进行采访？是不是银行这个事件发生在这个时间节点意义非凡？围绕这个思路进行延展想象，就能发现记者采访的真正目的。

⑬思考一下记者想从这个采访中得到什么：他是想得到银行出现危机的表现还是他要看到公关人员对这个事件的态度？

⑭记者采访时，会提出什么样的问题？

⑮他为什么要提出这个问题？他想从这个问题得到什么信息？

⑯针对他提出的问题，我应该怎么回答？是和盘托出还是有所保留？

⑰假如他提出的问题，我回答不了怎么办？我该通过什么方式完成回答？

⑱假如他提出的是敏感问题，我怎样通过桥梁沟通法则将敏感问题解决掉？

⑲如果我回答好他的问题之后，他继续追问我应该怎么办？

要想解决好记者的提问，公关人员要深入思考问题背后的故事，具体可参考问题⑳~㉓。

⑳记者进行采访很有可能是银行危机出现问题，这个时候公关人员就要思考银行到底发生了什么危机。

㉑银行为什么会出现这个危机？出现危机的本质什么？是管理者的不思进取，还是市场发展的必然结果？

㉒这个危机是不是由于银行本身所致？

㉓这个危机是银行的肿瘤，假如不能消除，应通过什么方法来减弱危

机对银行的伤害？

只有公关人员对银行危机表现、本质了解之后，对问题㉔~㉗做好充足准备，才能在回答记者的提问时有的放矢。

㉔公关人员在采访前，考虑一下通过什么方式，调节采访气氛，让采访轻松化。

㉕思考一下哪些“画龙点睛”的语句能够在采访中运用，精妙的语句一方面会给记者留下深刻的印象，润色记者的稿件质量；另一方面也会让自己在记者心中加分不少。

㉖考虑一下在回答记者的提问时，应该采用哪种思维：是采用“金字塔”还是“倒金字塔”或者其他思维模式进行回答？

㉗想一下针对记者的提问，能不能找出一些具体的表格数据、资料，让回答更有说服力。

把握好这些大的方面之后，公关人员要思考在采访时注意的细节问题，具体可参考问题㉘~㉚。

㉘公关人员在接受采访的前一天，要想好接受采访时穿什么样的服装，得体的穿着会给记者良好的第一印象。

㉙公关人员在采访前也要注意自身语言和形体语言，刻意改善自己的语音、语调，同时让肢体语言更协调、丰富，让记者更好地理解你所要表达的内容。

㉚在采访时，公关人员可以想一下，能不能让解释更直观化。

公关人员在记者采访前，将这30个问题考虑清楚，就能在应对记者的采访时游刃有余。

3. 采访中回答问题要简单、简洁、明确

公关人员要想在回答记者的提问时，简单、简洁、明确，就应在回答问题前有清晰回答问题的构思。公关人员如何构思？应用写作方法“金字塔”原则（“金字塔”原则是一种结构完善、层次性强的沟通技术，它可

以帮助人类进行完善的构思，让事情变得更加条理化、清晰化、简洁化），能够帮助公关人员构思问题的答案。

当记者向公关人员抛出一个问题时，我们首先要思考记者提出这个问题的本质是什么，相应地把它放在金字塔的顶端。然后从金字塔顶端回答，进行深层次阐述。

在“金字塔”的第二层回答记者时，公关人员可能引入新的名词或者引来一个新的问题，这时就可以在“金字塔”的第三层进行详细的解释，彻底解决掉记者的疑问。

一次，在农业银行公关人员接受记者的采访中，记者问了公关人员这个问题：“你认为互联网金融能否取代传统的商业银行？”当时公关人员回答：“我认为互联网金融不能取代商业银行。原因有3点：①互联网金融不能满足高端用户的需求，这个弊端将阻滞它向前走。②互联网金融和传统银行的实力有很大的悬殊。③传统银行正在积极转型，它们也在互联网化。”

他说完这3点之后，又给记者提供最近传统银行和互联网金融一些数据信息，把数据信息进行对比，更为清晰地解释传统银行不会被互联网金融取代的原因。他简洁、明确的回答让他获得记者的极大认可。

我们仔细观察一下这位银行公关人员的回答流程，发现他就是按照金字塔的原则。首先回答记者最需要知道的答案，而后，用后面的阐释来支持前面的回答，让回答的主题具有一致性。

公关人员在运用“金字塔”原则回答记者的提问时，先要用好金字塔“塔尖”。“塔尖”在问题的回答过程中发挥着提纲挈领的作用，公关人员在回答问题时，首先抓住最核心的问题，沿着“塔尖”展开自己的思路，让问题的回答似庖丁解牛，让问题的回答简单、简洁、明确。

4. 采访后总结的5步工作

银行公关人员接受完媒体的采访，并不意味着公关工作的结束。公关人员还要做好采访后总结，完成整个采访的闭环。通过总结发现采访中出现的漏洞，为下次采访提供更有价值的经验。如何进行采访后总结一直困扰着公关人员，以下5步或许能解决你的困扰。

（1）自我反思，采访中有无不当言谈和举止

记者采访走后，公关人员要回想在采访中说了哪些话；这些话在当时场合讲，是否恰当；当时在回答记者的提问时，有无通过手势、肢体动作来辅助回答，这些动作又是否妥当。

通过对自我言谈和举止的反思，知道自己采访中不妥当的行为。“以史为鉴”，让下次自己在记者的采访中更具有“镜头感”。

（2）总结在采访中，有无表达清楚自己的核心思想

没有核心思想支撑的采访是无价值的。

记者在采访时，都是带着具体明确的问题有备而来的。公关人员在采访前也应做好回答筹划。采访结束后，公关人员应总结在回答记者的核心问题上，有没有清楚表达核心思想。

如果通过总结，发现没有表达出核心思想，就要及时和记者取得联系，向他传递自己要表达的核心思想。同时在传递过程中公关人员切不可采取命令、威胁的口气，否则只会让记者认为你想掩盖某些事实。

（3）总结报道发布后的效果

记者把采访的信息整合集稿发布后，银行公关人员首先要看报道有无不实，如有不实要立刻联系记者，请求更改。报道确认无误后，公关人员观测报道的效果，如多少人阅读、他们阅读后有无了解公关人员想表达的。完成调查结果后，总结报道发布的效果，明晰这类报道的影响力，在以后的工作中让选择媒体清晰化。

（4）总结记者问题，反思问题背后的故事

公关人员在采访后，要总结记者的问题，反思一下为什么记者要提这个问题，这类问题会不会被更多人关注，这么多人关注的背后是不是隐藏

着更大的市场，作为金融领域的银行是不是能获得更大的发展机遇。通过思考记者的问题，会帮助银行找到更大的蓝海，让银行的发展进入一个崭新的发展天地。

（5）总结采访流程，让采访流程精细化、标准化

银行公关人员为应对采访，首先做了大量的采访准备，其次通过“金字塔”原则来回答问题，让回答简单、简洁、明确，最后通过总结反思问题。这是采访的一个流程。银行公关人员通过总结整个采访的流程，反思流程出现的问题，有无改进的地方，这样就能让下次采访准备过程的回答、总结标准化、精细化。

通过采访后的这5步总结，快速发现采访中出现的问题，为下次的采访提供范本，提升银行公关人员应对记者的能力。

第六章　主动化媒体公关策略

过去银行在面对媒体时，更多的是采取一种被动的姿态，任由媒体牵着鼻子走。银行要想改变这种状态，必须要实行主动化媒体公关策略，采用主动编制新闻稿、召开新闻发布会、通过各种途径和外界进行沟通的方法。

编制新闻稿

新闻稿作为银行发声的有力武器，统一银行宣传口径，向外界传达一致的思想。一篇新闻稿在整个公关活动中起着提纲挈领的作用。如何写好一篇新闻稿并不是一件简单的事。公关人员要掌握稿件写作的基础、特性，之后通过编辑整理，才有可能形成一篇优秀的新闻稿。

1. 口径拟定的方法

口径不一不仅容易引起新闻媒体的质疑，而且会给外界留下银行合作能力弱的印象。可见统一的口径在公关活动中的重要性。作为公关活动主角的银行公关人员，必须要掌握口径拟定的方法。

口径拟定分为 3 步：全方位收集危机问题的原因；整理问题、收集口径；撰写审定的口径。

（1）全方位收集危机问题的原因

在制定口径前，银行公关人员首先要收集银行到底出现了哪些危机问题，分析危机出现的原因。在分析银行的危机时要研究原因的多方面，是

管理不善、市场竞争的加剧，还是银行本身的矛盾等。

要多角度地探视危机对银行的影响，同时要分析银行危机对其他领域出现的问题有什么影响。

通过收集银行危机的全面信息，给银行工作人员在制定口径时提供了信息基础。口径诞生于科学全面的信息上，口径的正确性得到保证。

（2）整理问题，收集口径

银行公关人员收集到危机的问题，整理危机问题产生的原因之后，就要收集社会各界对危机的口径。同时举行“头脑风暴”会议，银行公关人员针对危机问题制定银行内部的口径。公关人员了解外界和银行内部的口径之后，要做到及时筛选掉不合理的口径。

最后通过小范围的测试，即对测试者讲出银行的口径，根据测试者不同的反应，获取测试者对哪个口径有较高的满意度。这样就得出了满足用户需求的口径。最后，银行高层还要研究这个口径和银行的经营理念、方针是否一致，只有与之匹配的口径才是一个好的口径。

（3）撰写审定的口径

确定口径之后，公关人员就要将这个口径呈现出来，即通过编撰新闻稿让口径被外界所知。在编撰的过程中必须坚持“真实”“全面”“快速”的原则。

“真实”即要求口径一定是以事实为基础，从事实出发而编撰的，用口径来拨开人们心中的疑虑，而不是企图通过口径来掩盖事实。

“全面”即口径的制定是在全面了解银行危机情况的基础上，分析危机会出现所有问题的情况下制定的。保证制定的口径能够在新闻发布上解除记者的疑虑。

“快速”即口径就似火灾现场的消防员，它的功能之一就是救火，所以编撰口径的速度一定要快，最好在危机发生的24小时内有个统一的、有效的口径，这样才能将银行的这场危机火灾快速浇灭。

公关人员掌握好新闻稿口径的拟定，能够在银行危机来临时快速制定好统一的口径，从而掌握危机公关的主导权，引领媒体，迅速将危机淡化掉。

2. 新闻稿件写作的基础

公关人员要想写出一篇质量较高的公关新闻稿件，首先要明白新闻稿件写作的基础5W1H理论。5W1H理论是一种分析方法，即一个事件发生之后，围绕事件发生的时间（When）、地点（Where）、人物（Who）、原因（Why）、什么事件（What）、接下来如何做（How）来写作稿件。

公关人员通过在新闻稿件写作中运用5W1H理论，能够向读者传递出银行对于危机和公关活动态度，充分发挥新闻稿件的桥梁作用。

银行公关人员在工作中可以按照以下方法进行。

（1）明白新闻稿件是面向谁（Who）

当银行公关人员编撰公关新闻稿件时，一定要清楚稿件受众是谁，是投资者、客户，还是媒体。只有当你知道你的受众是谁，你才能在下笔时胸有成竹，在下笔后才能让文字字字珠玑，直击受众心中。一篇无特定受众的稿件，就似一个猎人在打猎时丢掉猎枪一样失败。

（2）在稿件中要清晰银行何时表达立场（When）

一篇新闻稿件不仅要表明银行何时出现危机事件，更重要的是要在稿件中突出银行何时表达立场。当银行发生危机事件之后，公关人员应该迅速成立危机公关部，判断银行的这个危机是信任危机、服务危机还是产品危机。得知危机之后，就要通过新闻稿件发声。

（3）稿件的传播渠道是什么（Where）

当公关人员进行新闻稿件的写作时，首先想清楚这篇稿件通过什么渠道，在这个传播渠道，稿件能产生怎样的影响。了解稿件传播渠道后，才能在稿件的把控上做到收放自如。

（4）解释事件发生的原因（Why）

如果一篇新闻稿件没有解释事件发生的原因，那么这篇新闻稿件必定是毫无意义的。要想让新闻稿件饱满，就要解释出危机发生的原因，告诉你的受众银行为什么会发生这样的危机，它的发生对银行来讲有什么影响。公关人员在新闻稿中通过解释原因，解除受众疑虑。

（5）告诉你的受众你的立场是什么（What）

一篇有价值的稿件必须有态度，有鲜明的立场，你要想你的新闻稿件出彩，一定要告诉你的受众你的立场是什么，即银行对这件事的态度是什么。表明你的立场，获得受众的支持。所以在新闻稿件写作中，要给稿件注入优良的血液，即你的鲜明的立场，让你的文章更坚挺。

（6）告诉你的受众接下来你会怎么办（How）

如何让你的稿件有生命力？就需要你在稿件中告诉你的受众，包括银行会通过哪些措施来解决问题，如何来解决。具体的措施会给用户注入一剂强心剂，否则因危机用户会抛弃银行。

公关人员在新闻稿件写作中，运用写作基础的5W1H理论，能够让新闻稿在“发声”时更有力，更有价值。

3. 新闻通稿的写作：一件新闻半成品

新闻通稿能够帮助企业对外发声时，统一口径。新闻稿件编撰的质量是衡量公关人员优秀与否的标准。银行公关人员要想写好新闻通稿，就要在公关新闻通稿的写作中，学习新闻稿件的新奇性和典型性两大特征。

（1）新闻通稿满足读者好奇心的特征

“狗咬人，不是新闻，人咬狗才是新闻”，这句话一针见血地说出新闻的定义。新闻最重要的特性就是引起读者的好奇心。读者一看到标题就忍不住去阅读，这才算一个合格的新闻通稿。

所以公关人员在编写新闻通稿时一定要注重文章形式、标题。在标题写作上找到创新点，可以在标题上采用富有争议的内容或者一些形式新颖的内容为噱头，这样才能够让公关稿件在新闻稿中脱颖而出。

仅仅在标题上抓住用户的眼球是远远不够的，必须要让读者进行深度阅读。这时就要依靠精彩的内容留住读者。所以银行公关人员在编撰新闻稿件时，编写银行最近发生的事情，才能保证读者在阅读时不出现厌烦情绪。银行公关人员在新闻通稿的写作中，可以适当地添加一些俏皮的词语，让新闻通稿显得轻松化，防止文章过于严肃。

（2）新闻通稿的事件典型性

银行公关人员在新闻通稿写作的题材上面，也是继承新闻稿典型化的特征。即一篇公关新闻稿必须在选择上典型化。尽量避免一些老生常谈的话题，要选择一些新颖的题材，引起读者的兴趣。

公关新闻通稿仅仅是一件新闻半成品，它继承了新闻稿件的两大特性之外，还必须加入公文稿件宣传、指导的特性。

公关新闻稿件的目的不是博得读者的眼球，而是通过稿件向读者传递银行对危机事件的态度，或者把银行的品牌理念植入新闻稿件中潜移默化地影响读者。它的这个目的迫使公关人员在编写新闻稿件时要传递出银行的信息，更好地传达银行的思想。

银行公关人员了解新闻通稿的特性之后，就要在新闻通稿的写作中避免过分新闻化和公文化，让新闻通稿拥有新闻性特征之后，更能表现银行想要说的话。

4. 编辑工作：完成新闻成品

考试后，我们通常会检查一遍试卷，以此降低试卷的错误率。对于一篇公关新闻稿也是如此，银行公关人员在写完新闻稿件之后，可以通过编辑工作改掉新闻稿件的不足之处，提升稿件的质量。稿件的编辑工作一直困扰着银行公关人员。

银行公关人员对新闻稿件的编辑工作主要包括内容检查和格式检查两个方面。在内容方面主要检查标题和正文，在格式方面主要检查稿件的标点，还有新闻用词是否规范。

（1）内容检查

在检查标题时，主要检查标题有没有出现以下问题：标题是否概括事实？标题的字数是否过长？一般合适的标题在12~14字。标题是否单调无味？发现标题的问题之后，就要做出针对性的改变，从而让标题简练、吸引眼球。

正文是一篇文章的灵魂，在检查新闻稿件时，一定要加大对正文的检查力度。首先要看正文能否表达出整篇新闻稿件的核心思想。如果发现正文过分啰唆，就要删减正文不需要的部分。

（2）格式检查

检查好正文之后，就要对新闻稿件的格式进行检查。

检查稿件中有没有出现标点误用的情况，简单的像句逗不分，分号、引号乱用，或者一些文件名和文件号使用不规范的现象。对标点符号改正，能够让整篇文章干净、准确。

新闻用词不当也是银行公关人员在编写新闻稿件时常出现的问题，有些银行公关人员在编写稿件时，喜欢用“亲自”“百忙之中”“亲临”“莅临”等词语，过度使用这类词语，会让稿件出现“假大空”现象，引起不实报道，所以应尽量避免使用这些词语。

最后，还有银行公关人员没有注意到一些词语的意思，没有理解它的感情色彩，容易出现混用，像剖析和分析、讲话和发言就很容易在新闻稿件中发生混用。

召开新闻发布会

很多银行公关人员问我如何举办一场高价值的新闻发布会。我认为只要银行公关人员首先知道了新闻发布会的原则，其次联系好媒体记者，做好发布会之前的准备，在发布会时掌握一些策略，最后做好发布会后的总结，就能让银行的“发声”范围更广，影响力也随之扩大。

1. 银行召开新闻发布会的原则

当银行遭遇重大危机或者发生重大积极事件时，都会通过召开新闻发布会来提升银行在媒体和公众面前的形象。是不是银行新闻发布会的召开能“随心所欲”？显然不是，银行在召开新闻发布会时要遵循三大原则。

（1）恰当的时机

银行在举行新闻发布会时一定要选择恰当的时机。像银行要投放新的理财产品或银行要在市场进行重大的改革时，通常是在产品投放市场的前两个月举行新闻发布会。通过新闻媒体的报道，为产品或改革造势，让社会充满银行改革或新产品的气氛，从而提前进入公众的视野。

选择恰当的时机还包括银行出现重大危机时。这时公关人员应该抓住第一时间，编撰新闻稿，联系媒体，举行新闻发布会来统一口径发声。通过发声能够让谣言不攻自破，防止谣言给银行品牌带来的伤害。

银行分清事件不同情况，选择恰当的时机召开新闻发布会，能够更好地提升银行在公众面前的形象。

（2）主题鲜明，避免多个主题同时发布

银行召开新闻发布会主题要鲜明、专一，不能同时发布多个主题。多个主题同时发布会让媒体的报道分散，各个主题曝光度不够，新闻发布会的宣传价值也没能体现。银行召开新闻发布会可以学习中国的手机厂商。

国内的手机厂商召开的新闻发布会上，两个小时内单单围绕一部手机，向媒体、观众详细解释这款手机的参数、功能，让这部手机获得更多人的关注。第二天各大头版进行曝光，手机知名度迅速打响。

银行举行新闻发布尽量发布一个主题，这样能够保证这个主题的最大限度曝光。而且公关人员可以针对一个主题做充足的准备，也不会出现因多头准备发生手忙脚乱现象。

假如在新闻发布会上必须有两个主题时，新闻发言人一定在发布会上表明两个主题的主次之分，引导媒体对重要的主题集中报道，这样就能避免报道主次不分的现象出现。

（3）重大事件，召开新闻发布会

有重大事件发布是银行召开新闻发布会的先决条件。有家银行为了在市场上有一定的关注度，时隔不长就召开一次新闻发布会，每次新闻发布会都是发布一些老生常谈的内容，几次下来媒体都不愿参加了。

没有干货的新闻发布会媒体不会买账，因为媒体只关注有价值和新奇的东西。它不会为一个没有价值的新闻发布会浪费笔墨。银行在举行发布会时应确保召开的新闻发布会有价值，要么是银行有重大事件发生，要么是银行要公布重大信息。让媒体对发布会有期待感，在期待感下才会对你的发布会感兴趣，才愿意用更大的笔墨来报道发布会。

银行公关人员要坚持在恰当的时机、一个主题、保证新闻发布会有料这三大原则下举行新闻发布会，从而让一场新闻发布会的价值得到更大的体现。

2. 建立媒体名单与记者通讯录

媒体和记者一直在银行新闻发布会扮演着“贵宾”的角色。公关人员在新闻发布会上尽量缄口不言，生怕说错一句话而引起“贵宾”们的口诛笔伐。要想让公关人员减轻压力，可将媒体“贵宾”角色转换为“家人”角色，即公关人员和媒体记者是一种互相包容、合作的关系。这样就要首先应记住家人的名字，即建立媒体名单与记者通讯录。

媒体名单的内容包括媒体的地址、联系方式、受众是谁、这些受众和银行是否一致；这个媒体是传统媒介还是新型媒体、它的影响力如何、收视率是多少、最高收视率是多少，或者是它的发行量怎样、这家媒体的下一个选题是什么、银行能不能在下次选题上进行新闻报道等。

知道媒体的全面情况，当银行危机出现时，就可以根据媒体的性质、影响力做好精准的投放，避免因媒介使用不当而增加银行的运营成本。

记者通讯录应包括记者的姓名、生日、办公地点、手机号码。同时也要知道他是为哪个媒体服务的，是不是一个自媒体平台。如果他是为媒体服务，就要知道他所服务媒体的具体情况；如果他是自媒体，明确他是新浪还是微信、百度等网站的签约作者。另外也要对他的写作风格有个清晰的了解，知悉他正面报道和负面报道的比重，有无轰动性的报道等。

对记者有了清晰的了解，知道记者的提问风格，那么公关人员在面对记者的提问时才会表现得游刃有余，也更能表达出自己核心的观点。

银行公关人员建立媒体名单与记者通讯录并不意味着公关人员任务的完成。银行公关人员还要不断更新媒体和记者的数据。要在每次新闻发布会之后，和媒体和记者搞好关系，要到他们最新的联系方式，通过不断要记者和媒体的联系方式，让银行的数据库越做越大，越做越强，时间越长，银行数据的价值也就越明显。

要想充分发挥媒体和记者数据库的价值，就需要管理好数据库的信息，管理好媒体和记者，在管理时首先你要意识到你面对的是活生生的人，所以你要拿出对待朋友的态度去对待媒体和记者，主动通过社交软件关心记者，及时与记者进行沟通。例如，在记者生日时送去短信、微信祝福。同时给记者提供一些重要的报道素材，让记者的报道更出彩，促使双方成为互为表里的家人关系，那么当银行举行新闻发布会时，记者怎么可能不去站台支持呢？

3. 银行新闻发布会之前的准备

银行公关人员要想做好一场新闻发布会，首先要把新闻发布会的准备工作做得面面俱到，有备无患。依据我多年参与策划银行新闻发布会的经验，认为只要做好以下 6 步就能让你的新闻发布会有条不紊地进行。

（1）明确发布会的主题

主题在新闻发布会中起提纲挈领的作用。它的确立不是领导拍脑袋决

定产生的，而是经过对舆论的调研、银行公关人员“头脑风暴”会议产生的。银行公关人员要保证发布会的主题新鲜、准确。

发布会主题不光要吸引眼球，还要能经得住记者和媒体的拷问。银行公关人员在制定发布会主题时应提供重要信息点来支撑主题，从而让主题更饱满。

（2）确立新闻发言人和主持人

发布会的主持人，一般由新闻发言人担当，新闻发言人身兼两职，所以说确立新闻发言人就是确立主持人。主持人主要把握新闻发布会的节奏、进度、新闻发布会的主题，指定记者提问，到最后宣布新闻发布会结束。

（3）确立发布会的时机和场地

发布会时机的选择已论及，不再赘述。发布会地点的选择主要是为了记者有个良好的采访条件，要保证地点靠近交通节点，方便记者到达场地，同时也有足够大的停车场地，方便记者媒体停车。

在场地的选择上面也要保证场地宽阔，同时有完善的设备支持，包括电力、照明、消防设备等。场地的选择也要符合新闻发布会的主题，如果这个发布会的主题比较重要，关乎银行未来的发展，这个时候就要选择一些重要场地；如果发布会侧重小范围，更似座谈形式，那就可以选择一些有特色的场地。

（4）确立邀请媒体和记者名单

银行公关人员在举行新闻发布会前，在邀请媒体时，首先要详细调研媒体，了解媒体的覆盖面和影响力。之后根据危机的具体情况，决定选择传统媒体还是新型媒体、地方媒体还是全国媒体。

在确立记者名单时，提前了解记者的具体情况，像记者的所属单位、报道风格。多与记者沟通，向记者传达发布会的主题。同时为他们提供新闻素材，帮助他们报道更全面的发布会信息。

（5）准备充足的材料

材料的准备是一场发布会最劳心费神的工作。公关人员要准备图片资料、文字材料和视频资料，这样让整场发布会内容更充实，帮助媒体和记者更好地理解发布会的主题。

在准备材料时，银行公关人员要做的就是资料的发掘和筛选，根据资料给新闻发言人撰写新闻稿件，给领导提供决策信息的准备。

（6）进行发布会的会场布置

公关人员要对发布会的会场进行设置。摆放鲜花，安排主席台座位，给记者留下足够宽敞的通道。同时也要对会场的设备进行全面检查，像话筒、空调、音响、灯光有无问题，及时排查问题，保证一切设备在新闻发布会时都能正常地运转。

公关人员在新闻发布会前做好这 6 项准备，能够让新闻发布会变成一个“钩子”，钩住媒体和记者，将新闻发布会的主题充分显露出来。

4. 银行新闻发布会之中的策略

公关人员作为银行新闻发布会中的桥梁，两头连接着媒体和银行。如何让桥梁产生更好的沟通效果，公关人员需要掌握一些策略。

（1）在发布会上提供周到热情的服务

银行新闻发布会召开时，媒体记者接踵而至。这时公关人员就要用热情的服务来招待媒体记者，引导他们到指定地点进行签到，带领他们到具体的落座区，为他们提供茶水和仪器设备上的帮助。之后把关于发布会的资料、准备的礼物发给媒体记者。通过周到的服务给媒体记者留下良好的印象。

（2）坚持银行的立场是发言人的基本策略

新闻发言人是银行的“喉舌”，他不是一个独立的“自然人”，而是银行的“发言人”。所以新闻发言人说的每一句话必须要站在银行的立场上。在回答媒体记者的提问时，新闻发言人必须紧紧围绕发布会的主题进行作答。

当媒体提出一些敏感和关于银行的机密问题时，发言人可以礼貌地说："这个问题属于我们的机密问题，所以目前不能透露。"记者听到你这样回答也会理解。只有从银行的立场回答记者的提问，才是一个合格的新闻发言人。

（3）真实可信是新闻发布会最好的策略

很多银行公关人员问我一些新闻发布会的策略。我通常回答他真实可信是发布会最好的策略。银行举行新闻发布会最大的目的就是做好和媒介、用户的沟通，当你用满嘴虚假的信息和媒介沟通时，只会得到用户和媒体的质疑。

发言人一定要保证自己说的每一句话都经得起时间的检验，不说假话、虚话、套话，用一种真诚的态度去和媒体沟通，这样就会获得媒体和记者的信赖，长此以往，一个诚信、负责任的银行品牌形象就会建立起来，银行的品牌就会作为一种强大文化软实力帮助银行抵御竞争对手的竞争。

（4）新闻发言人在演讲时宜采用脱稿与照本宣科相结合

新闻发言人脱稿演讲要做到和记者的互动，让信息得到一个很好的交流，营造一个积极活跃的气氛。但是在一些原则性强的危机事件上，如果演讲者脱稿，可能会产生跑题的现象，给媒体留下不正式的印象。所以新闻发言人在演讲的过程中，可以采取脱稿和照本宣科相结合的方式，既保证发言的权威性，又能调节发布会整体的气氛。

银行公关人员利用这些策略既能保证新闻发布会顺畅进行，又能通过新闻发布会向媒体和记者传达出最真实、有价值的信息。

5. 银行新闻发布会之后的6项工作

很多公关人员在新闻发布会之后会产生懈怠，出现"不作为"的行为。因为做好新闻发布会的善后工作，完成一场新闻发布会闭环，才能充分发挥新闻发布会的价值。如何妥善完成新闻发布会的善后工作？完成以下6项工作即可。

（1）进行报道的追踪工作

公关人员在新闻发布会的第二天，就要进行对报道的追踪工作。首先要看报道是正面还是反面的，其次要看报道篇幅的大小、形式，以及报道在微博、微信平台的转载和评论情况。根据这些信息分析报道可能对读者产生怎样的影响。公关人员通过对报道的追踪，能够知道媒体的舆论是什么，进而知道报道对读者的影响是什么。

（2）解决不实报道

公关人员在新闻发布会之后，发现有些媒体进行不实报道。这时不要立即对媒体宣战，美国《财富》杂志的主编谢尔曼曾讲过："向媒体宣战虽然很诱人，但是必定是一场无法打赢的仗"。和媒体宣战，只会让你身心俱疲。你所要做的是分析不实报道可能会产生怎样的影响。

假如不实报道不会引起公众的注意力和争论，这时就坚持"忍一时，风平浪静"的策略。如果不实报道会让公众对银行产生误会，这时你就需要立即联系媒体，请求在下次报道中更正，在交谈中，切勿用威胁、命令语气，以免引起不必要的冲突。如果出现严重不实的报道，影响到银行的声誉，这时就需要银行通过法律途径来解决。

（3）对一些积极正确报道者表达感谢之情

媒体对银行的新闻发布会进行积极正确的报道，银行公关人员应及时向媒体表达感激之情，如赠送一些小礼物。礼物的价格可以不高，但一定要有创意，让媒体记者能够通过礼物记住你。在下次银行的新闻发布会上，更容易邀请到这个媒体。

（4）收集反馈信息

银行公关人员要临时搭建一个信息反馈部门，这个部门主要收集客户对新闻发布会的反馈信息。掌握大量客户的反馈信息，能够更好得知新闻发布会有没有解决用户的疑惑。同时也能通过反馈得知新闻发布会的不

足，为下次新闻发布会提供经验。

（5）评测新闻发布效果

信息化社会的典型特征就是数据化。对一个新闻发布会来讲也是如此，必须对新闻发布会的效果进行量化。银行公关人员可以采取抽样调查的方法，随机抽取一些客户，询问他们是否知道新闻发布会，以及对发布会的看法。通过分析得知新闻发布会的社会效果，这样就能够对新闻发布会量化、数据化，银行公关人员更清楚新闻发布会产生具体的效果。

（6）对整个新闻发布会的流程进行总结

当完成以上新闻发布会后的5项工作之后，最后的对整个新闻发布会的流程总结也是至关重要的。公关人员回想整场新闻发布会的准备工作是否完善，有没有出现准备不周的现象；另外在举行新闻发布会时新闻发言人是否坚持银行的立场，有没有讲一些偏激语言；发布会场地的选择是否合理等。通过总结新闻发布会的准备、发布过程，能够为下次新闻发布会提供经验和教训，提升银行发布会的质量和水平。

新闻发布会后这6项工作，缺一不可，银行公关人员只有做完这6项工作，才能发挥沟通用户和媒体的功能，提升银行在他们心中的品牌形象，增强银行的文化软实力。

银行媒体关系工作法

用“对手”来形容过去银行和媒体的关系，一点也不为过。媒体揭银行伤疤，银行以恶劣态度对待媒体。“媒介化”时代来临，媒体对银行的重要性不言而喻，银行如何将“对手”转化为“朋友”？我认为银行公关人员首先应该做好媒体调研工作，然后制订长期的传播计划，最后将计划付诸实行，从而使得两者保持和谐的关系。

1. “R－A－C－E”四步工作法

银行公关人员和媒体打交道是个长期、复杂的工作过程，不仅要知道媒体影响力、覆盖面，而且要明确银行和媒体的适配率。为确保银行和媒体有更高的适配率，公关先驱们发明了一套行之有效的公关程序，即“R－A－C－E”四步工作法来帮助公关人员进行公关活动。

“R－A－C－E”四步工作法即公关人员对媒介进行调研、策划、实施和评估。

（1）媒介调研（Research）让媒介的选择更优质

公关人员和媒体打交道时，首先要了解媒体组织形象，即媒体的知名度和美誉度。公关人员通过抽样调查得知媒体的知名度和美誉度值放入形象评估坐标图中（见下图），通过坐标图得出媒体的等级，可以舍弃一些“劣质”的媒体。

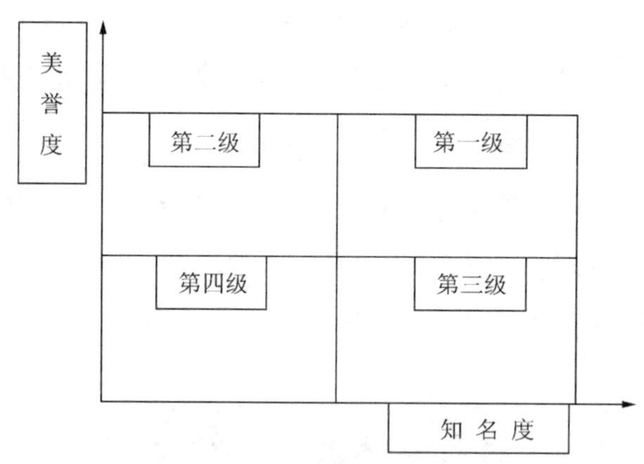

形象评估坐标图

当媒体处在高知名度、高美誉度时，即图中的第一级，就代表这是一个优质媒体，它具有强大的舆论导向力，有忠实的读者群。银行在公关活动中就要借助这样的媒体来进行“发声”，能够保证“发声”被外界信任。

当媒体处于低知名度、高美誉度时，即图中的第二级，银行就要谨慎

在这个媒体“发声”，因为这个媒体的知名度不够高，很有可能导致“发声”石沉大海。另外，公关人员要果断放弃美誉度不高的第三级和第四级媒体，因为它们的说服力较差，不易让外界相信。

通过媒介调查得知媒体的知名度和美誉度，银行在危机来临时可以迅速选择一些高价值的媒体进行发声，让银行的“发声”更响亮、更有价值。

（2）媒介策划（Planning）让媒介的实行更具计划性

公关人员知道媒介组织形象之后，就要确立银行和媒介要保持一种什么样的关系，是伙伴还是家人关系。确定好关系之后，筹划通过何种方式来进行合作，制订最佳的合作方案。这个合作方案一定要保证系统化、流程顺畅。另外，最重要的是要具有创新性，从而保证外界在看到时更容易接受。进行媒介策划能够让媒介实行更具计划性。

（3）媒介实施（Carry out）让策划方案快速落地

当银行公关人员制订好媒介计划时，公关人员必须通过各种手段让媒介计划得以实施。在实施的时候注意以下3个方面。

①组织、人员、经费要得到落实。组织成立要建立媒介策划，按照计划来组建公关组织，防止因盲目成立组织造成资金的浪费。媒介实施要靠专业的公关人员，所以在媒介实施前要网罗专业的公关人才进入组织。银行进行经费的准备必不可少，一定不能在媒介策划上资金链出现断裂现象，所以在媒介实施前一定要做好资金的筹备。

②做好媒介实施的培训和分工。银行公关管理层一定要对公关人员进行系统的媒介培训，保证他们对于媒介有充分的了解，知道银行正在使用媒介的特点、影响力。同时给他们进行媒介的分工，从而让每个人各司其职，保证媒介计划的推行。

③做好媒介实施动态调整。媒介实施不能完全依靠之前制订的媒介计划，公关人员要根据具体出现的问题，进行实时动态的调整，以保证媒介的实施在公关活动中更具活力，从而发挥媒介的最大价值。

（4）媒介评估（Evaluation）让媒介的价值看得到

媒介评估是银行与媒体关系的重要环节。通过对媒介评估，得知媒介的具体影响力，通过这个媒介发声对哪些人产生了影响，产生了什么影响。再通过一些指标进行分析，像知名度分析，即“知名度 = 知道的人数/总调查的人数 ×100%”，还有注意度分析，即“注意度 = 注意的人数/总调查的人数 ×100%”。得知这些指标将媒介效果量化，媒介的价值就能被清楚地看到。

“R – A – C – E”四步工作法是一个循环往复的过程，每一步的缺失都会让过程断裂。所以银行公关人员在处理与媒体的关系时，一定要做好四步工作法的每一步，从而保证银行和媒体和谐相处。

2. 调研的目的与方法

（1）调研的目的

银行公关人员在举行公关活动前，都会针对媒介进行一番细致的调研走访活动。银行为什么会花费大量的人力、财力进行媒介调研呢？主要是因为通过调研媒介工作能够实现以下两个目的。

①调研媒介让决策科学化。通过对媒介的调研，银行公关人员能够清楚知道媒介的知名度和美誉度，媒体的受众以及受众的个性、消费习惯等特点。一旦危机来临，银行公关可以通过这些资料更好地分配媒介资源，使得媒介决策更科学、准确。

②减少银行的运营成本。银行公关人员对媒介的影响力了如指掌之后，就能根据危机的大小，选择与危机相匹配的媒体，避免“小危机、大媒体、高花费”现象的发生。通过调研量化媒体的影响力。当危机来临时银行可以根据危机的严重程度，选择影响力不同的媒介，这样就能实现“小危机、小媒体、小花费”，大大降低银行的运营成本。

（2）调研的方法

要想让调研实现上面两个目的，首先要掌握调研的方法，抽样法和问

卷调查法一直被公关人员采用。

①抽样法。抽样法即在总体中抽取一定的样本，通过分析样本，从而推测出整体的趋势、信息。公关人员在进行媒介调研的时候，主要是抽取媒体受众的一部分作为样本，分析这些样本对媒体的知名度、美誉度。而后通过样本分析出媒体受众总体对媒介的态度。

在进行抽样调查时，首先要确定调查的总体，防止因总体模糊，导致样本的抽取难度加大。另外在确定样本时，在确定总体的数量之后，确保样本的数量少而有价值，从而防止因抽取的样本数量过多加剧银行运营成本。

②问卷调查法。问卷调查法是在调研工作中最常用的一种调查方式。银行公关人员将媒介的影响力和美誉度制作成多个问题，让调查者填写这些问卷，之后收集这些问卷，对这些问卷进行分析，银行公关人员就能知道他们对媒介的态度、看法，得出媒介的影响力和美誉度，以及调查者对媒介的看法，从而掌握更多的媒介信息。

调查方法的运用得当能够快速实现调研工作的目的，使得媒介发挥更大的价值，保证决策更加科学，同时降低银行运营成本。

3. 制订长期的工作计划

银行从出现以来就被媒体的镁光灯包围。镁光灯固然让银行显得星光闪耀、霸气十足，但是耀眼的灯光也会让银行的瑕疵充分暴露。银行如何在镁光灯下展现自我、隐藏瑕疵，就需要银行在面对媒体时制订长期的工作计划。

计划的制订需要基石。从我多年与媒体打交道的经验中，认为在制订长期的媒介计划时必须要考虑以下 4 点。

（1）你的受众是谁

银行制订媒介计划时，首先要考虑你的受众会不会通过这个媒介接收到这个信息。通常银行的受众是有一定的收入基础、渴望更高的生活品质、高学历、高收入的人。所以你要保证你选择的媒介的受众和银行的受众相吻合。这样你发布的信息才会被你的受众看到，他才有可能接受。

（2）通过何种渠道发布出去

和你受众相同的媒介数不胜数，它们通过不同的渠道把信息发出去，或通过传统的媒介，或利用新型媒介。如何做出一种最优的结果，这时候你可以分析你的长期媒介计划的主题是什么：是提升银行的品牌形象，还是快速解决银行出现的危机？

媒介计划的不同主题决定着信息到达受众的速度也会不同，重大危机必须要通过传播速度快媒介进行推广；如果不是特别紧急的情况，可以通过一些传统的传播途径，像杂志、报纸传递到受众手中，做到既把信息传递到受众手中，同时也降低运营成本。

（3）确定发布时机

没有时间性的计划是一个无效的工作计划。所以，银行公关人员在制订媒体计划时，必须要对计划有个时间性的认识。当银行想把银行的品牌力打入客户的心智时，银行公关人员可以有规律地隔一段时间就发布一次公关活动，这样就能潜移默化地把品牌植入客户心中。

考虑到一些比较棘手的危机时，银行必须和媒体制定一个应急机制。一旦银行发生危机，银行把危机计划进行无延时投放，确保在第一时间发声，最大限度地减少银行的损失。

（4）清楚发布规模

确定媒体的发布规模也是公关人员必须做好媒体计划的重要环节。要想确定一个合适的发布规模，可以根据之前提到的危机等级进行，假如出现的危机等级高，这时就需要进行大规模的公关活动，像在国内一些优质的电视台、报纸上宣传；如果危机等级低，可以举行一场新闻发布会来进行公关活动。

发布规模的确定除了考虑危机等级之外，还必须依靠银行所准备的公关费用。如果公关费用高，就可以选择实力较强的媒体，反之，则选择影响力小的媒体。

银行公关人员在制订工作计划时，把受众、渠道、时机、规模充分考虑好，就能在面对媒体的镁光灯时没有后顾之忧，更加自信，在镁光灯前充分展现自身的魅力。

4. 制订传播计划的步骤

传播计划的制订水平不高是公关人员常常出现的问题，我和很多优秀公关人员探讨“如何提高传播计划制订水平”的问题时，“一千个人心中有一千个哈姆雷特”，他们根据自己的经验给我不同的答案。

我把他们的回答进行系统化、条例化整理之后，总结出通过以下5个步骤能够帮助你的传播计划更富创意性。

（1）收集大量资料为传播计划打好基础

在收集资料前公关人员首先要知道银行的传播目标是什么：是进行长期的品牌建设，还是为了解决临时出现的危机？根据目标收集媒介特点，如它们的覆盖面、影响力，以及它们不同的版面需要花费多少资金等。

银行公关人员还要收集客户的信息，如他们的学历、爱好、收入、通过什么方式接收什么内容。掌握客户接收信息的途径，他们喜欢什么样的内容等。之后，银行公关人员可以用优质的内容，通过便捷的传播渠道撬开客户的心智。

（2）头脑消化

银行公关人员收集到用户和媒介的资料之后，就要把这些资料在头脑中进行消化，吸收优秀的内容，剔除腐朽的内容。优秀内容指的是能够给公关人员带来新的传播计划的点。通过这个点能够引爆银行在市场的品牌知晓度。腐朽内容是指一些老生常谈、缺乏创意、雷同的传播方案。去除没有创意的东西，能够保证你的传播计划创意不断。

（3）持续思考

在头脑消化之后，你可能掌握了一些传播计划。这时你切不能采取故步自封、停滞不前的态度。因为这时候你制订传播计划的创新性不大，很难给外界一种耳目一新的感觉。所以你要进行一种持续思考，首先你可以想一下这个传播媒介到底有多大影响力，这个媒介时间点能在这个点产生这么大的价值，如果用新兴的传播方式能不能推翻它。通过这种深度的思考，就能让银行的传播计划更加完善，更能让银行知名度得以提高。

（4）黎明前的黑暗

很多银行公关人员在进行持续思考后会陷入一种混乱的境界，这时他可能会想太多好的传播方案而不能抉择出一个较好的传播方案。这时候公关人员必须进行“休息”，期间银行公关人员可以做一些和传播计划完全不相关的活动，放松心情，这时可能会有很多好的创意、新鲜的点子从这些不相关的活动中产生。这个过程好似黎明前的黑暗一般。

（5）对传播计划查漏补缺

通过前面4步，公关人员已经制定出富有创意的传播方案，这个创意方案紧扣了传播主题，传播方式也是新奇多样。这时公关人员需要做的就是对传播计划进行查漏补缺，检查传播计划中出现漏洞的地方，进而将之完美化。

5. 策划并执行媒体活动

媒体活动是银行“发声”的最好形式之一。在媒体活动上，活动主题可以一针见血地表达出银行“发声”的内容和目的，富有创新的活动形式帮助银行和外界进行互动沟通。媒体活动在银行公关活动上发挥着至关重要的作用。

有很多银行公关人员咨询我如何策划执行一场媒体活动，我也给他们提供了不少的建议和方法。综合而言，策划媒体活动应遵循以下5个步骤。

（1）确定活动目标

活动目标是媒体活动的灵魂，它在活动中起着提纲挈领的作用。银行进行媒体活动的目标有以下三个：①提高银行的知名度，使银行在原先知名度的基础上提高几个百分点；②提升银行的市场占有率；③把银行危机等级降低。

银行公关人员在策划媒体活动时，务必要确定活动的目标。最好量化目标，让目标具体化。量化目标，能够让银行公关人员在实现目标时方向感更强。

（2）选择合适的媒体

银行公关人员要根据媒体活动的目标，选择与目标匹配率高的媒体；同时也要保证媒体的受众和银行的受众匹配率达到最高。实现这两个目的，就需要公关人员详细分析媒体的受众是谁，受众的特点，媒体的影响力，能够产生多大的舆论导向力。对媒体有了全面的了解之后，才能选择一个合适的媒体。

（3）确立富有创意的主题

创意性十足的主题首先能吸引外界眼球，让外界去注意它。其次能让银行媒体活动的主题被外界知晓。只要活动主题全部满足以下3个因素，就不失为一个优秀的、富有创意的主题。

①要能吸引人，至少要吸引目标团体的注意。可以结合社会最新发生的事件、热点，或者将原有因素进行巧妙地结合，很有可能产生富有创意的主题。

②在主题表现上尽量突出银行的目标。

③主题尽量表现银行的Logo（标志）、形象等。

（4）设计活动的内容

活动的内容是策划活动的主体部分。银行公关人员在设计活动时，一定要考虑到这个活动是受众，所以你要保证策划的活动内容能实现两者之间的互动沟通。同时活动内容一定要紧扣活动目标，这样用户才会在你的活动中，潜移默化地接受此次媒介活动的主题、思想。

（5）编制活动预算

银行公关人员在策划媒体活动时，也要对整场媒体策划做好活动预算，把媒介、人工、材料的花费计算清楚。把活动中每一笔可能的花费都要计算出来。通过编制活动预算，不仅能够将花费细化，确保花的每一分钱都是有价值的，而且也能杜绝银行公关人员在活动中乱花钱的现象。

银行公关人员通过上面5个步骤制定好媒体活动之后，在接下来的媒体活动执行前，还要制订一个周密的执行活动方案，在活动方案中要添加一些对细节的把控。在执行时也要根据活动中出现的具体问题进行动态调整，解决执行中出现的问题。

媒体活动执行后，并不意味着活动的结束，银行公关人员要对媒体活动的效果进行评价和分析，总结活动中出现的问题，得出这些问题的解决方案，为下次媒体活动提供借鉴。

日常化沟通交流

公关人员在和客户进行日常交流的时候，不能像过去那样泛泛而谈，而是要促膝长谈。如何做到促膝长谈？银行公关人员首先要分析客户接触信息的媒介渠道是什么，是新型媒介还是传统媒介，通过具有针对性的媒介进行发布消息，才能撬开用户的心智。

1. 银行公关团队的传播工具

银行公关团队的传播工具分为传统传播工具和新型传播工具。传统传播工具有报纸、杂志、电视、广播；新型传播工具主要是互联网传播媒介，包括网络传播各大网站、BBS（电子公告牌系统）论坛，移动互联网中微博、微信、QQ等。

银行公关人员通过传统和新型传播工具和外界进行沟通交流。传统传播工具充当政府的“喉舌”，由于银行也属于国家控股，他们有共同的利益，所以银行在传统传播工具上有一定的“自由”。通常情况下，银行公关人员接受传统媒体的采访，表达银行的观点之后，传统媒体会很好地把握银行的主题，围绕这个主题编写稿件。

像传统媒体的报纸和杂志，银行公关人员接受采访时，会把银行关于这件事的看法是什么给媒体一种引导，之后采编人员根据这个主题进行写作。传统媒体更多的是起到一种宣传作用。银行公关人员通过电视屏幕向更多的观众表达银行的观点和看法，或者通过广播“发声”让更多人听到，说明银行使用传统工具上已经炉火纯青，经验丰富。

互联网传播工具也被银行广泛使用。比如，银行在门户网站上进行软文营销，在 BBS 论坛上宣传银行新推出来的理财产品，或者通过官方微博、公众号对产品、企业品牌进行宣传。互联网传播媒介和传统媒介的不同点，就是它能做到和客户进行双向沟通，能够更好地满足用户的“话语权”。

目前，很多银行的公关人员对互联网的传播特点还不了解。我经常看到银行发的微博、在公众平台发的文章出现转发量、阅读量少的现象。出现这种情况的原因就是银行公关人员没有掌握互联网传播有趣、好玩、有料的特点，总是发一些千篇一律、毫无创意的内容微博和文章，自然会引起粉丝的反感。

银行公关团队要想让发出的消息更有价值，可以采用传统传播和新型传播相结合的方式。对于一些重要、严肃的消息主要通过传统媒体进行传播，辅之新型媒体；对一些轻松的事件多采用新型媒体进行传播，从而扩大传播的广度。

2. 关注不同媒体的特征

公关人员要想通过媒体让“发声”更具价值，首先要了解不同媒体的特征，清楚地知道不同媒体的优缺点。这样银行“发声”时，就能选择适配率较高的媒体，使得银行的“发声”被更多人听到。

在传播领域把媒体分为传统媒体和新型媒体，传统媒体包括报纸、电视、杂志等，新型媒体有互联网媒介、微博、微信公众平台等。以下详细阐述。

（1）报纸

报纸作为第二次工业革命的产物，具有传播迅速快、覆盖面广、信息量大、制作简单的优点。但也存在不易保存、发布成本高的缺点。移动互联时代来临，“一人一机”社会出现，人们更习惯通过手机来获取信息。传统报纸的订阅量急剧下降（见下图），很多之前辉煌的报刊衰落，甚至走向没落。

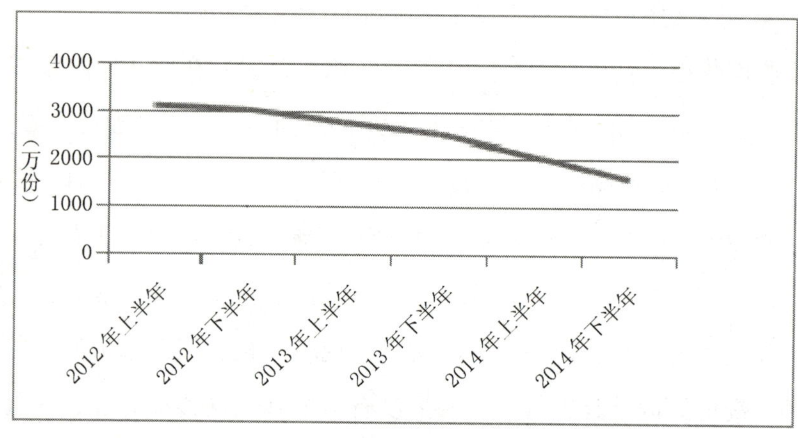

全国报纸销量走势图

银行公关人员如果要选择报纸进行发声，首先要清楚报纸的销量如何，即它的影响力如何。其次要分析报纸的受众和银行的受众是否相符，如果相符也要对报纸版面、格式进行筛选，选出最佳方案；如果不符，要果断放弃。

（2）电视

电视兼具声音和画面感，具有传播迅速、覆盖面广的特点。由于制作成本居高不下，所以银行要想通过它来与消费者沟通，需要花费大量的资

金。中央电视台一个短短15秒的广告就需要几百万元广告费，如果银行想通过电视台发布相关信息，就需要准备一大笔的启用和后备资金。另外，电视的单向沟通也是它的一大弊端。

银行公关人员可以在电视上投放银行品牌形象广告，以此给客户留下“不差钱”的形象。在选择电视媒体前，必须了解电视的受众喜欢接受什么形式的内容，选择更具创意的表现形式，让银行拍摄的广告宣传片从众多的广告中脱颖而出。

（3）杂志

杂志的覆盖面广、制作精良，同时易于保存、能够引起受众深入阅读（据统计90%的人都能在阅读杂志时保持较高的注意力）。如果银行通过在受众经常阅读的杂志中，推送软文，可能会产生较佳的效果。但是杂志一般都是半月或者一个月发行一次，其时效性较差。

（4）互联网媒介

互联网是继报纸、电视、广播后的“第四大媒介”，它具有及时性、海量性、全球性、互动性的特点。这里主要指各大门户网站和BBS论坛，如网易、搜狐、新浪门户网站，天涯、知乎、贴吧一些社区。在互联网的媒介中，每一个人都是信息的发布者。各个节点通过互联网，人们可以及时接收到全球的信息。互联网改变了人们接收信息的方式，真正实现了“秀才不出门，便知天下事”。

互联网媒介是一种虚拟的环境，在这个环境下，由于人人都有发言权，银行公关人员一定要注意信息的属性，做好互联网舆情的防范工作，才能防止不良舆情将银行摧毁。

（5）微博

微博作为互联网媒介的一种，具有传播速度快、延时性短、便捷性、原创性的特点。但是每条微博限于140字，所以在传播一些具有深度的信息、内容上就显得吃力。另外，要想知道微博的影响力也会比较困难，粉丝数、转发量、评论数，更多的是一种人气，要想转换成实在的东西就不那么容易了。

银行公关人员要想利用好微博和客户进行日常化的交流，首先要确保微博内容尽量原创、有趣，这样才能更大限度地获取用户的好感。

（6）微信公众平台

微信公众平台的受众一般都是有活力、喜欢新颖事物的年轻人。微信运营平台的运营原理是，用户喜欢你的产品，订阅你的微信号。

银行公关人员通过每天推送软文广告，以求获得最大受众的喜欢，这种极具针对性的营销方式让用户转换率升高。但是微信公众平台的传播范围也会受制于粉丝量的多少，所以银行公关人员应尽可能吸引更多的粉丝关注。

公关人员知道传统媒介和新型媒介的不同特征、各自的优缺点后就可以根据公关活动的轻重缓急或者传播的受众，选择具有针对性的媒介，用最少的花费取得最佳的公关效果。

3. 不可轻视的互联网工具

截至2015年6月底，中国网民的数量已经突破7亿（见下图），整个社会进入互联网时代。

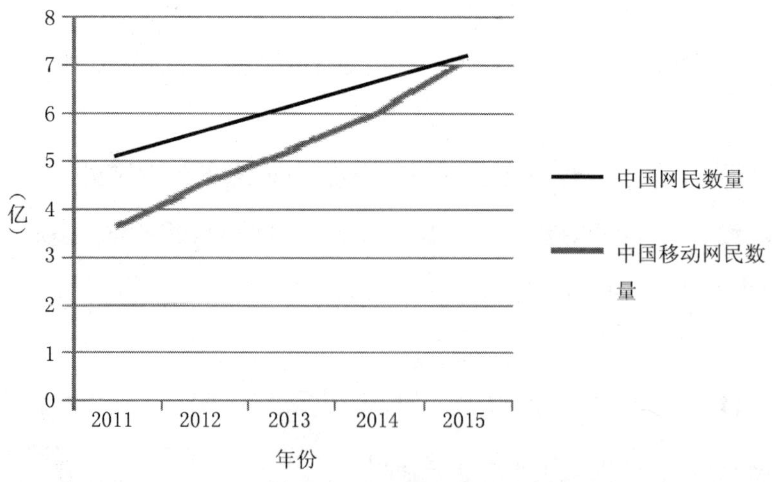

2011—2015年移动网民和网民数量图

人们了解信息的渠道从过去的报纸、杂志、电视向互联网和移动互联网转变。这个趋势不可避免，假如银行想继续用传统的媒介向用户传递信息，必然遭遇“滑铁卢”式的失败。

银行公关人员要把银行发布的信息被这部分接受到，因公关人员必须采用受众经常接触的互联网媒介为切口，即互联网工具，从而将信息送到客户“脑海里”。银行公关人员重视互联网工具也是一种无奈之举，如果银行不用互联网工具必定遭到用户的抛弃。

从图中我们不仅能发现网民和移动网民都在增加，且移动网民增速远远高于网民增速。此项趋势表明手机已是人们接收信息的主要渠道。未来银行要想让信息进入用户“心智”，必须通过用户习以为常的手机媒介。

在现在移动互联网中，微博和微信公众平台是最活跃的两个媒介。银行运用好它们能够快速提升银行的知名度。很多企业通过这两种平台中的一种，迅速提升在市场的知名度和美誉度。杜蕾斯就是其中之一。

2011 年 7 月 11 日，北京普降暴雨，街道积水达 1 米以上。突如其来的暴雨让很多人裹步不前。有个小伙子想到了一个方法，把他口袋中两个杜蕾斯拆开，当作鞋套套在鞋上，之后跑回家。回到家之后他把杜蕾斯当鞋套的事件，发到微博上并配上照片。这个事件在短短 2 小时内，转发量过万。之后杜蕾斯公司迅速抓住这个事件，进行大规模的宣传，获得了更高的影响度。

这很可能是杜蕾斯搞的一次营销活动。杜蕾斯通过微博得到极大程度的曝光，提升了知名度和美誉度。我们试想一下，如果要靠传统媒介教导式宣传，必然不能引起这么大的反响。

杜蕾斯微博营销事件，给银行公关人员的启示是，要想让银行获得较高的知名度，可以通过运用微博、微信等新型媒介，获得更多人的注意，获得更多人的好感。

4. “传而不达”的应对方案

（1）“传而不达”的原因

很多银行公关人员向我诉苦，讲他们花费大量的时间、人力、财力进行媒体活动，但是并没有获得用户的好感，媒体活动收效甚微。出现这种“传而不达”的现象，主要有两个原因。

①提供过多劣质、无价值的传播内容。银行公关人员进行媒体活动时，并没有提供用户喜欢的“干货”，而是一种“假大空”的内容，这样就会让用户对银行媒介抱持一种“观望”的态度。

②未能做好媒介的科学分析。过去银行一直采用“高大上”的媒体，像中央电视台、发行量高的报纸、全国数一数二的电台等，当我询问银行公关人员这些媒体能够使银行的“发声”提高多少分贝时，银行公关人员都默不作声。他们不作声的原因就是他们没有做好媒介科学分析，根本不清楚媒介能够给银行带来多大的传播效果。

（2）解决“传而不达”现象的对策

要想解决媒体活动“传而不达”的现象，银行公关人员必须针对这两个原因对症下药。

①提供优质、更多“干货”内容。银行公关人员在和外界日常的沟通中，尽可能让传播内容更饱满、有料。加入更多用户感兴趣，和他们息息相关的内容，这样就会让传播的内容更有价值，获得更多用户的青睐进入到他们的心智，取得较好的传播效果。

②进行科学的媒体分析，选择最优的媒体“发声”。银行公关人员要想解决“传而不达”的现象，必须要对媒介进行分析，将传播效果量化。具体可以通过分析媒介的以下三个方面进行：

第一，时空因素。即公关活动通过媒体到达用户时间和空间的问题。分析媒介传播的时间，花费这个时间是不是在危机承受范围。另外也要清楚地知道这个媒体传播的范围。这个范围不是一个模糊的区域，而应该是一个准确的数值。

第二，分析媒体用户的参与程度。要想让用户了解你更多的信息，银行公关人员必须用一种参与度高的媒介，让用户参与到媒体活动中。银行公关人员想让媒体活动“传速达”，必须对媒体用户的参与度进行分析。

第三，分析媒体的保存时间。保存时间长的媒体被用户进行深阅读的可能性远远大于保存时间短的媒介。银行公关人员要想让公关活动的影响力持久，就需要选择一些易于长时间保存的媒介，从而让媒介活动得到长时间的曝光。

银行公关人员做好媒体的分析，进行媒体的最佳组合，能够让媒体活动的信息快速达到用户的手中，同时银行公关人员在传播内容时添加更多“干货”，让传播的内容更好地打开用户的心智，从而解决公关活动“传而不达”的问题。

突发状况与危机管理

银行的突发状况就像一颗地雷，这颗雷深藏在银行的疆土内。它随时都有可能爆炸，摧毁银行苦心经营的业绩。银行公关人员要想减弱地雷对银行的伤害，必须做好危机管理，清楚知道地雷的具体位置、伤害力，预测地雷何时会爆炸，或者说在爆炸时能够迅速做出反应，掩护银行进入安全区域，从而最大限度地减少地雷对银行的伤害。

1. 区分议题、危机和突发状况

如果把银行比作一个国家，那议题、危机和突发状况就像敌国的三架飞机。这三架敌军飞机由不同驾驶员驾驶，战斗值、战斗方法也各不相同。银行统一的作战方法已经不再奏效，银行公关人员必须针对不同的飞机，实行具有针对性的攻击方法才能将它们逐一击破。银行公关人员如何能够“对症下药”，就需要银行公关人员首先学会区分出议题、危机和突发状况。

（1）议题

银行的议题是指长期存在、具有争议、持续影响、悬而未决的问题。

议题关乎普通老百姓的切身利益，短时间内很难解除，具有公共性的性质。如银行的风险就是一个银行界长期存在的议题，这个议题关乎太多人的利益，一直富有争议，而且短时间内也很难解除。

银行议题的出现是由银行的根本属性决定的，也就是说是无法避免的。它是一种持续存在的问题。假如外界不去干扰它、触碰它，可以说它是不会对银行产生伤害的。如果有外界因素去干扰它，像军事、政治、金融危机来临，议题很有可能引发舆论危机，最后很有可能演变成银行的一个危机。

（2）危机

银行危机是指在经营过程中，宏观环境的变化（像国家经济、政治政策的变动），以及银行管理不善未能满足外界欲求，出现伤害银行的事件。

银行危机有以下几种：经营不善，即管理者未能把握住市场情况，做出一些战略性不高的决策，让银行陷入危机；制度危机，即银行未能在新形势下调整银行的管理结构、组织模式，银行陷入一种运转不畅的状态；信誉危机，即银行在经营过程中，没有坚持诚信的方针，导致客户纷纷弃之而去。

银行危机和议题最大的区别是：议题是天生的，银行一出生它就伴随着银行；而危机是在银行经营的过程中，社会环境的变化或者管理者管理不当而引发的，也可以这样说，它是“后天”的。

（3）突发状况

银行突发状况是指银行临时发生的一些具有灾害性后果的事件。

俗语讲：“一切事件的发生都有它不得不发生的理由。”突发事件的发生不是偶然的，而是必然的，是量变引起质变而发生的。它的发生都是有一定的契机的，这个契机很难被觉察到。

突发状况的目标性强，它的发生昭示着银行某一方面的缺失，同时突发状况破坏性大，短时间内能造成银行用户和品牌资产的流失。

突发状况是危机事件的一种特殊情况，它的出现有时就是由银行一些小的危机积累而成的，当积累到一定程度，可能就会通过突发状况而出现。银行公关人员要想应对好突发状况，首先要树立应对突发状况的意识，做好突发状况的准备，这样当突发状况出现时，就不会手足无措了。

当银行公关人员学会区分议题、危机和突发状况后，就能迅速判断出它们属于哪一类，之后再对症下药，从而减弱它们对银行的伤害。

2. 突发状况和危机可能是一次良机

当银行出现突发状况和危机时，悲观主义较浓的银行公关人员，会认为危机可能会给银行带来灭顶之灾；而另外一部分乐观主义者，则认为突发状况和危机对银行来讲是一次良机，如果银行抓住这个机遇，就能拥有更大的发展平台。

我完全支持乐观主义者的观点，银行的危机虽有危险，但危险后面有可能潜藏着巨大的机遇，作为银行的公关人员，就要找到危机背后的机遇，帮助银行实现涅槃重生。危机背后主要有 3 种机遇。

（1）调整组织结构，更新管理模式

突发状况和危机的出现，暗示着银行机体出现问题。银行出现危机的原因主要是组织松散和管理模式落后两种。危机的出现能够给管理者当头一棒，给他一剂清醒药，迫使他去审视组织和管理，审视银行出现的问题。而后他就会通过各种手段来调整组织结构，更新管理模式，将银行落后的机体淘汰掉，实现银行结构和管理升级，从而提升银行竞争力。

（2）“走心”的公关活动，赢得更多用户的青睐

银行发生突发状况和危机时，银行公关人员所做的一切活动都必须要

以客户的利益为出发点，第一时间对外发声，从而保证客户的知情权。银行通过及时有效、以用户为核心的公关活动，能够在用户心中留下一个负责、敢担当的企业形象。银行通过这种“走心”的公关活动，可扩大粉丝群，赢得更多用户的青睐。

（3）踏上新的发展平台，迈入广阔的蓝海

银行公关人员要想解决危机，必须对银行进行一个深度的“解剖”，这里的解剖不是单单对组织、管理，而是对整个银行内部运行机制、赢利模式、服务、外部市场环境、竞争对手进行一次彻底大清查，从而找到危机背后的故事。

当银行出现客户流失量急剧上升的危机时，浅层次分析就是员工服务意识懈怠或者理财产品吸引力减弱。如果我们进行深层次分析发现，流失的客户购买互联网理财产品，银行公关人员就要反思，是不是互联网理财有银行所不具备的条件？互联网理财有没有可能抢走银行的客户？

通过反思这些问题，银行公关人员就能勾勒出一幅银行进入互联网领域的图，这幅图很有可能帮助银行找到一个新的发展平台。如果银行踏入这个新的发展平台，很有可能使银行从原先的“红海”进入一片广阔的“蓝海”，银行的发展空间变大，前景也是一片大好。

银行公关人员抓住这些机遇能够将危机转化为企业发展的良机，更新组织管理模式，提升银行品牌价值，把银行从“水深火热”的危机中拯救出来，迈向更大、更好的“蓝海”中。

3. 危机之前：准备良好的制度保障

银行公关人员在危机之前，做好危机前制度保障，不仅能够在危机来临前做到有备无患，而且还能将一些危机“扼杀”在摇篮里。银行公关人员要想做好危机前的准备，可以从以下3个方面着手。

（1）做好危机预警系统

银行公关人员要想做好危机的预测和报警，必须要做好信息的收集、

整理和分析工作。只要全面掌握银行“周围”的信息，才能得知银行会不会出现危机，出现何种危机。银行公关人员在收集信息时，可以重点收集以下信息：

①公众对银行的反馈信息。收集公众信息能够及时了解公众的需求，了解公众对银行的态度、看法。过去银行通过信件、电话的方式来收集的反馈信息严重滞后，不能发挥信息时效性的价值。现在银行公关人员可以运用微信、微博等新的渠道随时随地收集公众的反馈信息，使得信息价值得到充分显现。

②行业和竞争对手的信息。如果银行公关人员像过去那样仅仅收集国内几大银行的信息和国家的政策变动，就想做出危机预警系统，简直是天方夜谭。现在银行公共人员要收集互联网、房地产、金融等一切与银行有关的信息，才能防止“门外的野蛮人”（金融行业外企业）蚕食银行的市场份额。

收集好这两个信息之后，就要对信息进行甄别、评估。这个时候就需要危机管理工作人员对这些信息进行评估。通过评估得知这些信息能否产生危机，如果产生危机能否满足银行之前制订的危机指标，如果能够满足，银行公关人员就要进行对危机的预防。

（2）建立危机管理机构

危机管理机构作为一个组织机构，管理人员能够对银行公关人员进行合理的调配，明确银行公关人员责任制，使公司职员各司其职。危机管理机构能够制定危机处理的程序，帮助银行公关人员在处理危机时有条不紊，让危机的处理标准化、流程化。

危机管理机构是从外国借来的危机处理经验。通过吸取危机管理机构的经验，结合本土银行业的具体情况，正确的做法是创办新闻办公室组织结构。新闻办公室能够在危机发生后，使银行公关人员迅速进入危机状态，各司其职，从而将银行的危机消除。

（3）制订危机管理计划

银行公关人员在危机发生前，要根据危机的类型制订一整套的危机管理计划。这个计划不是泛泛而谈，而是要针对不同类型的危机做出具体的计划。同时也要做出在危机不同阶段都有一个详细计划。危机管理计划能够保证银行公关人员在危机来临时，临危不乱，快速地将危机解决掉。

要注意银行在制订危机管理计划时，要留有余地，保证银行公关人员在进行危机活动时及时动态地调整，处理好问题。

银行公关人员制定危机管理系统、建立危机管理机构、制订危机管理计划能够为银行危机来临时提供良好的制度保障，减少银行为判断危机、制订危机计划所花费的时间，最大限度地减少因危机给银行带来的损失。

4. 危机之中：坦率、公开与积极应对

当银行危机来临时，银行公关人员会咨询我，问我一些将危机迅速解决掉的方法。我给他们的建议是，在危机来临时坚持坦率、公开与积极应对3条原则。

（1）坦率

银行发生危机后，银行公关人员要做到诚实坦率的“发声”，阐述危机出现的原因、真相，告知媒体银行下一步怎样解决危机，要保证自己说的每一句话都经得起推敲。银行公关人员在回答记者和客户的提问时，千万不要以隐瞒事实或提供虚假信息的方式进行回答。

因为一旦虚假信息被识破，那么银行之前所做的一切公关活动都会因为谎言而丧失效用。银行公关人员一定要记住，只有诚信的“发声”，才能更具价值和分量，取得媒体和客户的信任。

（2）公开

在当今社会，人们对知情权的诉求越来越强烈。当银行发生危机之后，银行公关人员切不可采取过去那种“防火、防盗、防媒体”的方法，而是要积极组织媒体，举行新闻发布会，对银行出现的危机原因、结果进

行披露，如果条件允许，可以邀请公众参与银行的危机事件的处理或者监督银行危机处理工作。

通过这些方式能够充分保证公众的知情权。同时，信息公开的方式，能够给媒体提供真实、准确、有价值的信息，从而减少不实、子虚乌有的报道，避免银行因不良舆论受到的伤害。

（3）积极应对

银行发生危机后，客户关心以下两方面的问题：一方面是利益问题，即银行这个危机会给我的利益造成怎样的损失；另一方面就是感情问题，即银行是否在乎我的感受，它是否站在我的立场考虑问题，到底我是上帝还是它是上帝。

银行公关人员在危机来临时积极应对，第一时间组织新闻发布会，确立新闻发言人，准备好发言稿。新闻发言人在发布会上站在用户的立场进行“发声”，保护客户的利益，弥补客户的损失，积极承担银行的责任。同时积极应对危机，能够充分照顾到客户的感受。银行积极应对危机的行动能够获得更多用户的青睐，扩大银行的粉丝群。

银行公关人员在危机发生时，坚持坦率、公开、积极发声的原则，能够树立一个敢于承担责任、站在客户立场的银行形象，从而提升银行整体品牌软实力，帮助银行快速渡过危机。

5. 危机之后：危机公关的评估总结

危机公关评估总结是危机管理的最后环节，它对制订新一轮的危机预警、危机计划有较好的指导作用。银行公关人员掌握好危机公关评估工作，对银行危机管理至关重要。想做好危机公关的评估总结，可以通过以下 3 个步骤进行。

（1）围绕危机进行全面调查

银行公关人员首先要调查危机发生的原因，反思这个原因是银行管理不善还是组织结构臃肿。如果是管理不善，想一下怎样调整管理组织结构才能解决这个危机；如果是结构臃肿，又该如何对银行组织进行“瘦身”活动。

银行公关人员也要反思一下，危机有没有重新出现的可能性。如果有，银行应该做好哪些方面的工作，从而将危机伤害降到最低。同时也要反省危机前的准备是否合理，危机前预警有没有不合理的地方，如果有，把它们陈列出来。

（2）全面评价银行危机管理

银行公关人员要对银行危机预警、计划、决策做出一番评价。反思银行在危机预警时有没有收集到足够多的信息，收集的信息是否具有价值，在危机计划的制订上有无不周全的地方，这些不完善的地方会给银行危机管理产生怎样的管理难度。

反思一下银行公关人员在危机处理中，有没有按照原先制订的危机计划执行，危机计划在危机处理时到底有无发挥它的价值。同时也要反思危机决策有无偏颇，谁在做决策，他做决策时有没有充分考虑到当时危机的情况，这个决策有没有做到减弱危机的效果。如果没有，那么你认为谁做的决策最有价值。

（3）做出适当的调整

在进行这一步骤时，银行公关人员首先要把前两步出现的问题列出来。之后针对出现的问题逐一进行解决。如果是组织和管理出现问题，这时银行公关人员就要把这个信息上报给最高领导者，之后领导者通过硬权力进行组织和管理的人事调整。

当银行公关人员发现危机计划、预警、决策出现问题时，就需要全体银行公关人员进行“头脑风暴”，制定出一个全面、系统化，同时又具有创意的银行危机管理方案，让优秀的危机管理方案来帮助银行更好抵御危机。

银行公关人员通过对危机公关的评估，能够清楚得知银行出现危机的

原因，做好应对方案，从而避免银行在同一块石头面前跌倒两次；同时通过危机评估解决银行在危机管理中出现的问题，提升银行危机管理水平。

网络公关，微时代的“危处理”

第七章　自媒体时代，人人都有发言权

“自媒体”是指可以自己单独发声的媒体，同时公众在这个媒体上不仅能够把自己的观点分享给熟悉的人，还能接收自己喜欢的内容。随着移动互联技术时代的到来，自媒体时代已悄然来临，它在潜移默化地改变我们的生活，银行要想成为自媒体时代的先锋，必须要去了解自媒体、拥抱自媒体。

自媒体信息传播特征

“自媒体”这个新鲜事物在移动互联时代爆发出更大的活力。现在公众可以通过微博、微信、QQ 等媒体发声，并且这个发声通过转播可以被更多人听到。整个社会现在已经进入自媒体时代，银行公关人员要想在自媒体时代帮助银行更好地“发声”，首先要了解自媒体信息传播具有的五大特征。

（1）信息传播速度快

过去我们想通过传统媒介，如报纸、杂志传递信息时，需要等待主编审核、排版等，这些都需要花费一定的时间。但现在我们把想表达的内容编辑好，通过微博、微信、QQ 媒体发给我们的朋友就可完成分享，整个操作过程可以做到零延时，信息传播速度大大提升。

2011 年 7 月 23 日温州动车事件发生后两分钟，一位乘客用微博将这个消息推送出去后，十分钟之后全中国都知道了这件事。试想：这件事如果让传统媒体进行报道，首先记者要赶到事发地进行采访、整理材料等，至少要花费半天的时间。

自媒体让信息的传播速度大大提升，银行公关人员使用自媒体可以快速提升信息传播速度。

（2）传播渠道多样

过去银行在传递信息时主要通过杂志、报纸、电视等传播途径，传统传播渠道不仅窄，而且表现形式单一。现在传递信息通过论坛、微博、贴吧、微信公众号进行，传播的渠道变得多样化，表现形式也十分丰富。

（3）平民个性化特征

在自媒体时代，人人都可以发声，过去那种只有传统媒体可以发声的时代一去不复返。现在每个人都是一个媒体，每个人都可以发表关于某件事的看法和观点。同时由于每个人的爱好、兴趣不同，发布的信息也各具特色。自媒体也表现出平民个性化的特征。

（4）关系一体化

公众在过去充当信息接收者的角色，而且是被动地接收信息。现在公众在自媒体时代，会主动接收来自朋友、门户网站的信息，同时他也可以成为信息的生产者，发布信息。公众现在有接收者和生产者两重身份。

（5）及时互动性更强

传统媒介更多的是一种站在高处传递信息的模式，受众在下方说的话也很难被它听到，所以，沟通性较差。现在自媒体时代，传播者通过自媒体向公众发布信息后，公众可以将自己的想法、建议反馈给传播者。这种双向的沟通模式，打破了传播媒介传播封闭的环境，使得传播者和公众之间的联系也更加紧密。

银行公关人员了解了自媒体传播这五大特征后，就要对银行原先的“发声”方式进行改革，通过改革使银行沟通好用户、扩大“发声”范围，实现“发声”最大价值。

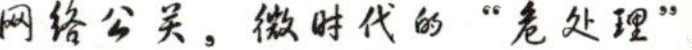

网络口碑，创造力与破坏力并存

网络口碑就是指网民通过论坛、微博、QQ 等网络渠道，和其他网民共同讨论一个产品或公司的服务，之后他们谈论产生的传播效力，能够影响其他网民对该产品或公司的态度和看法。银行公关人员要想运用好网络口碑宣传银行，首先要明白网络口碑具有双面性：创造力和破坏力兼具。

（1）网络口碑相比银行传播方式具有说服力强、针对性高、成本低的优点

现在流行这个段子：任你广告说得天花乱坠、绚烂多彩，也不抵用户在网络用手机来一场现场展示，用户说：“这个产品我用过，不错。”这个段子生动地说明了网络口碑有较强的说服力。

网民发表对银行好的言论，会得到更多网民的信任。因为他站在第三方的立场，没有站在银行的角度，他说的话比银行过去那种“王婆卖瓜，自卖自夸”传播方式可信度更高，也更容易叫客户信服。

针对性强是网络口碑的又一创造力。网络也和线下一样流行“圈子”文化，即有相同爱好、职业、地区的人会形成一个团体，他们经常在网上联系。如果他接收银行一个好的“话题”，他会和他有相同趣味的人分享，在分享的过程中他会根据对象的特点对“话题”进行一定的改编，从而让对象更加喜欢他讨论的“话题”。这样的传播更具有针对性，受众确定化。

（2）网络口碑费用远远低于传统媒体宣传费用

传统媒介动辄花费几百万元甚至上千万元的资金，巨额的花费也会让银行身心俱疲，同时传统广告的宣传效果越来越弱。网络口碑通过自身运作的方式，发动广大网友作为传播者，这是一种成本较低的宣传方式。

（3）网络口碑银行运用得好就会有传统媒体所不具备的创造力，如果运用不好就有可能产生强大的破坏力

网络口碑有两种：一种是正面网络口碑；另一种是负面网络口碑。正面的网络口碑能够为银行的品牌形象加分；但是负面网络口碑，一旦通过网络进行“一传十，十传百”传播，会给银行带来难以估量的巨大的伤害。据有关数据统计，负面网络口碑的传播速度是正面口碑的十倍以上，同时负面口碑影响力是正面口碑的五倍以上。

负面口碑经过网络的传播、扩散，对银行品牌形象产生不利的影响，很有可能让银行苦心经营多年的品牌资产化为乌有。

银行公关人员要想利用好网络口碑进行宣传，首先要做好口碑营销的准备，做好方案的同时也要做好舆论的监测，一旦有不良舆论发生时，及时做出对策，减弱负面口碑对银行的伤害。

第八章 银行的网络口碑风险防控

“坏消息的传播速度远远高于好消息的传播速度”，这句话在互联网传播中同样适用。银行的负面消息经互联网媒体传播之后，很有可能让银行经过多年建立的品牌形象毁于一旦。所以，银行公关人员做好网络口碑风险防控刻不容缓。如何做？具体要落实到银行网络监控和网络不利言论应对上面。

网络舆情监控

互联网时代到来，使得信息传播方式发生了颠覆性改变。银行任何一个不良信息经由互联网传播，都有可能让银行多年经营的品牌形象毁于一旦。银行想避免不良舆论对银行的伤害，银行公关人员必须做好舆情日常的监测、内容分类、监测周期和舆情的评阅工作。

1. 加强日常监测

日常监测作为银行舆论监控一项日常不间断的工作，能够帮助银行公关人员及时发现网络上银行的不良舆论，在不良舆论未抱团前将其消灭。银行公关人员进行日常监测，能够了解网上舆论的特点、趋势，帮助银行更好地进行口碑风险防控。

银行公关人员如何加强日常监测，可以从以下 3 个方面进行。

（1）银行公关人员发现破坏银行稳定、虚假的舆情，要第一时间上报到有关部门银行公关人员把舆情上报到有关部门时，首先自己要对舆情有个全面的了解，在上报前先要分析一下舆情是否关系到银行发展的全局，影响银行的稳定，另外这个舆情是否是人民群众、领导关心的舆情。一旦网络舆情满足这三个条件中任意一个就要立即上报。

（2）及时做好舆情的处理，做好化解工作

当银行公关人员在进行日常监测时，发现对银行的负面舆情后，首先要找到舆情的发源地。尝试联系在网络发言的网民，和他们进行沟通，找到他们发表这些不利言论的原因。如果他们提供的信息属实，这时银行公关人员就要想方设法解决他们的问题，做好调解工作，将不实舆论解决掉。如果是网民肆意诽谤，银行公关人员就要坚决予以回击，在必要时可以使用法律手段维护银行的名誉。

（3）通过“舆论领袖”来引导舆论

银行公关人员做好舆情日常监控，就是想让网络充满正确的舆情。与其让别人引导，不如银行公关人员培养“舆论领袖”，这些人在网络上充当“推手”，发布银行正面的信息，由于他们是领袖，形成了舆论，从而引导整个互联网环境出现银行更多正能量的舆论，对银行的舆情监控做到“点子”上。

银行公关人员通过及时上报、做好化解工作，通过“舆论领袖”引导舆情能够做好日常网络监测，消灭掉网络上一些不实言论，让银行在网上树立一个积极正面的品牌形象，提升银行整体的文化软实力，让银行有更强的核心竞争力。

2. 锁定监测的主要渠道

银行公关人员要想快速获取与银行相关的舆论，必须要锁定舆论监测的 3 个主要渠道。

（1）搜索引擎

国内大概有 300 万个网站，其中 80% 的网站只拥有 20% 的流量，可以

说这80%的网站都处于“濒死”边缘；剩下20%的网站拥有80%的网络流量，这20%网站中获得流量最多的搜索引擎网站。银行公关人员监测好搜索引擎平台的舆论，就能掌握银行网络舆情基本情况。

国内规模大的搜索引擎有百度、360的好搜和谷歌。银行公关人员每天要对这些搜索引擎关于银行信息进行收集、整理，分析出网民都在搜关于银行的何种信息。如果网民搜索某一类信息比较多时，银行公关人员应该警惕，对这类信息详细研究、分析，判断它有没有成为银行不良舆论的可能性，如果有，把这个信息及时上报给上级部门，把负面舆情快速解决掉。

（2）行业网站

行业网站也是网络舆情生长的温床，银行很多负面舆论的源头都出现在行业网站。国内比较著名的行业网站主要有新浪、百度、网易、搜狐等财经频道，这些频道会发表银行最近发展概况，以及整个银行发展的趋势、情况等。这些频道有强大的舆论导向力，能够引导读者对银行的态度和看法，银行公关人员监测好这些频道对做好网络舆情的监控至关重要。

银行公关人员对这些网站的频道可以从以下两个方面进行监测：一方面是监测频道发布的文章，分析文章是对银行的正面还是反面报道。如果是正面报道，银行公关人员可以和频道的编辑取得联系，送一些小礼物，表达感谢之情；假如是虚假的负面报道，银行公关人员要第一时间联系文章作者，请求删改，必要时诉诸法律手段。

另一方面就是对文章评论的监控，文章的评论主要是网友发表的。银行公关人员主要关注网民对文章的态度，对网民回复的内容进行检查，检查一下有无破坏银行品牌形象的评论，如果有，第一时间和他联系，询问原因。如果真实，要积极解决他的问题；如果访问无果，可以寻求技术人员进行删帖。

（3）监测主流自媒体平台

微博、微信公众平台、贴吧、论坛是国内四大自媒体平台，各路英雄豪杰、能人志士都可以在这些平台自由发声。由于人多口杂，很容易产生对于银行的不实言论，而且一旦这些负面内容经由网络领袖转发，评论很快会在社会上传播开来，这些负面口碑会极大损害银行的品牌形象，银行公关人员必须要对自媒体平台进行及时监控。

银行公关人员要想监测好自媒体平台，可以通过监督一些网络话语权重、有影响力的“大V”（指拥有众多粉丝的微博用户），关注他们最新的微博、微信公众号，知道他们最新发表的关于银行的内容，就能够对舆情有个及时的掌握。同时银行公关人员也要关注比较大的金融论坛，对银行负面报道的帖子，积极联系发帖人，询问他们为什么发帖，解决他们的问题，使他们自觉删帖。如果是一些恶意伤害银行的帖子，就可以联系吧主强制删帖。

银行公关人员通过对搜索引擎、行业网站、自媒体平台的监督，能够快速发现银行的负面舆论，然后通过各种措施，将银行舆论危机化解，防止舆情给银行带来的伤害。

3. 网络舆情内容分类

银行公关人员做好网络舆情内容的分类，就能够根据舆情内容的不同做出针对性舆情解决方案，“对症下药”地把网络舆情从根本上解决。通过对网络舆情的内容、形式、影响力研究之后认为，可以将网络舆情内容分为媒体舆论、网民舆论和关键词舆论。

（1）媒体舆论

网络媒体就像微博的“大V”一样，有着强大的舆论引导力。它表达的内容会得到网友的振臂相呼，媒体舆论和网民舆论相比，权威性较高、扩散范围较广，容易得到更多用户的信赖。

媒体舆论是网络舆情重要的组成部分。通常媒体通过两个方面形成舆论：一方面是媒体生产者无意识地通过网络媒体进行传播，由于媒体的舆论引导力让它获得用户的支持。另一方面就是媒体通过“议程设置”，即在传播中加入特定的因素，形成一种媒体舆论。

银行媒体的舆论更多的是关于银行宏观方面的问题，如银行未来的发展趋势、经营情况、竞争力等。这样舆论更多的是帮助用户了解银行，包括银行优势或者发展的不利因素。

（2）网民舆论

网民舆论和媒体舆论相比，它的权威性低、影响力小。网民舆论内容更多的是围绕银行的日常事务，如网民在银行所感受的服务问题、营业员对网民的态度、银行某种理财产品收益问题。所以说网民舆论更多的是关注银行微观方面的问题。

相对于媒体舆论正面舆论，网民舆论更多的是一种负面舆论，而且这种负面舆论传播速度快，极易成为负面口碑。如银行的某个受众通过微博发表自己对银行某个理财产品的不满，很容易将同样磁力的受众“吸引”过来，受众越多，吐槽声越强，影响力也就越大。

单个网民舆论力量小，一旦互联网网民抱起团来，就会形成众口铄金的效果，使得银行多年经营毁于舆论。

（3）关键词舆论

银行舆论内容除了网民舆论和媒体舆论外，还有关键词舆论。关键词舆论，即社会根据某个词围绕银行进行一系列的讨论和争议的舆论。

关键词舆论会让公众记忆颇为深刻，因为“关键词”一般都是轻松、搞笑词语，很容易让人们记住。关键词舆论更多的是一种反讽舆论，其关键词形成的原因，就是它发泄用户的不满。如果银行出现过多的关键词舆论，对银行来讲是不利的，很有可能会引起公众的不满情绪。

所以，在银行的网络舆情处理中，应根据不同种类舆论的特点，迅速制定出解决舆论的方案，将舆论危机平滑过渡。

4. 网络舆情的监测周期

很多银行管理者向我抱怨，他们都将网络舆情监测提上了工作日程，但是银行还是无法避免出现棘手的网络舆情，这让他们疑惑不已。当我应邀到他们银行进行实地调研时，我发现银行公关人员在进行网络舆情的监测时毫无计划，同时主观性和随意性太强。

当我询问他们多长时间进行一次网络舆情监测时，他们多沉默不语。这种无计划、无周期的网络舆情监测对银行来讲毫无价值。

银行要想让网络舆情监测发挥最大价值，可以采用常规监测和非常规监测两种方法。

常规监测要求银行公关人员经常性、按时、长时间对网络舆情进行监测。执行流程如下：银行公关人员每天选择一个固定的时间点，浏览各大财经频道、金融论坛、微博、微信公众号等一些和银行相关的网络媒体，检查它们有无银行的负面舆论报道，如果发现有虚假报道，就要及时上报给上级部门，从而将这个舆论危机解决掉。

常规监测听起来容易，但是做起来却不易，因为常规监测是一项枯燥、无趣的工作。银行要想做好常规监测，必须指定一个负责任、有耐心、敏感的、耐得住寂寞的银行公关人员，通过银行公关人员及时反馈监测信息，从而得到银行最新的网络舆情。

银行公关人员做好常规监测及时发现银行负面口碑，做到先知先觉，能够第一时间对负面口碑做出对策，大大降低负面口碑对银行的伤害。

非常规监测就像我们上学时，学校临时抽查班级卫生一样，它是一种无规律、不确定的监测。银行公关人员在进行非常规监测时，不仅要对之前常规检查的区域进行清查，也要对一些银行之前在常规检查未涉足的区域检查，如一些网络上的科技、汽车、房地产的领域进行检查。

银行公关人员通过这种非常规的监测，能够找到银行之前网络舆情监察的盲区，发现银行新的口碑风险。另外银行公关人员通过这种非常规监测手段，也有可能找到银行新的发展方式，帮助银行进入更大的发展蓝海。

我相信公关人员通过常规和非常规的网络舆情监测，能够将网络上不利于银行的舆论一网打尽，及时、有效地把它们扼杀掉，让银行在网民和媒体面前树立一个正面、高价值的品牌形象。

5. 网络舆情评阅工作

银行公关人员做好银行网络舆情评阅的工作，能够发现、甄别银行网络舆情的正负面，判定银行网络负面舆情的等级。银行公关人员如何做好与舆情评阅工作，可以从以下两方面进行。

（1）定点、定时、收集、阅览、登记、分析舆情信息

银行公关人员要想做好网络舆情的评阅，必须做到定点、定时收集信息。定点就要求银行公关人员在固定的网络媒体上，如银行自建的贴吧、论坛、微信公众号或是百度、新浪、搜狐等互联网巨头媒体上收集信息。定点并不意味着永远在这个媒体收集，而是要根据银行舆论发源地的变化而变化。

定时是指银行公关人员要有一个确定的时间、周期进行舆情的收集。如有的银行在每天下午三点收集舆情信息。银行公关人员通过定点、定时能够及时、全面收集到银行各种网络舆论信息，更有利于做出网络舆情对策。

银行公关人员收集到银行舆论信息之后，就要仔细阅览这些舆情信息，把其中一些影响力强的舆情信息登记下来。接下来银行公关人员要做的就是对舆情信息进行全面的分析，分析这些舆情是不是负面舆情，如果是，它能给银行带来多大的品牌伤害力。

银行公关人员将负面网络舆情对银行品牌伤害力量化。银行公关人员可以根据伤害的程度做出适当的对策，如果是危害小、易处理的舆论危机，银行公关人员可以自行处理；如果是危害比较大、难处理的网络舆情，银行公关人员必须向领导进行汇报。

（2）及时向领导汇报信息

银行公关人员在汇报时，首先要分清不同网络舆情的轻重缓急，按舆

情的重要程度进行排序，把重要的网络舆情放在汇报最前面，这样领导可以第一时间看到银行危险的舆情，这样他就会将最危险的网络舆情解决掉。同时在汇报前，一定要坚持汇报简洁的策略，反之，会让领导丧失接收信息的耐心。

银行公关人员要保证网络舆情汇报的及时性、有价值。在网络舆情的预报中有24小时原则，即舆情发生后，银行公关人员应该在24小时内汇报给领导。领导获得了处理网络舆情的最佳时间，具体分析舆情出现的问题，集中精力研判、制定一系列应急方案，实施各项具体的措施，从而将危险的网络舆情快速解决掉。

银行公关人员做好网络舆情的收集、评阅，及时将一些难以处理、危险的舆情上报给领导，不仅能够完成自身的工作职责，更能帮助银行更好地做好舆情的监管和防控工作。

网络不利言论应对法

在互联网背景下，网络“民意”的话语权影响越来越大，一旦网络出现对银行不利的言论，都有可能对银行的品牌形象造成伤害。银行要想面对互联网不利言论，可以采用组建发言人队伍、需求意见领袖、保持沟通的方法将其清除。

1. 敏感问题重点查办

银行网络敏感问题极易引起网民的围观，短时间内就能在网络上迅速蔓延，形成网络舆论，使银行陷入不利地位。银行公关人员要想最大限度地淡化敏感问题对银行的伤害，必须要对敏感问题重点查办。

（1）立即行动、保持高效执行力

银行公关人员一旦在互联网发现银行的敏感问题时，不管敏感问题的大小，都应立即行动。因为任何一个小的敏感问题，经过互联网传播之

后，都有可能形成一个强大的舆论。银行公关人员不能忽略互联网任何一个敏感问题。

在银行敏感问题处理上，银行公关人员首先要调查敏感问题来源、发布者，分析敏感问题的影响力，在掌握了敏感问题的来龙去脉后进行“头脑风暴”会议，讨论出敏感问题决策方案，在第一时间执行。在执行时一定要保持高效执行力，从而将敏感问题高效地解决掉。

（2）严格按照处理敏感问题原则执行

银行公关人员在处理敏感问题时，首先，坚持“寻根刨底”原则。我们都听说过“海思原则”，即问题的发生都是量变到质变的过程。银行的敏感问题，也是银行内部或者外部矛盾积累的产物。银行公关人员坚持“寻根刨底”原则，一步步找到敏感问题产生的原因，才能将敏感问题、本质性问题解决掉，避免敏感问题对银行造成二次伤害。

其次，银行公关人员在解决敏感问题时要坚持宜“疏”不宜“堵”的原则。我们想一下谁最可能关注银行的敏感问题，当然是银行的客户。如果银行在敏感问题上堵住网民的发言，这种做法只会遭到网民的质疑，他们会认为这个问题是银行的痛点，银行在这方面一定有短板。另外采取“堵”的方式，只会引起客户的反感，流失大量的客户。“疏”更多是一种沟通，和客户做好沟通，是银行解决任何问题的不二法门。

（3）明确敏感问题处理责任制

银行的很多网络敏感问题由于未能及时处理，使得危害力变大。敏感问题未能及时处理，是因为未能明确敏感问题处理责任制。银行公关人员对发生的网络敏感问题更多的是持一种观望的态度，他们不会主动去处理问题，因为那不是他们的本职工作。因为银行公关人员这种冷漠的态度，银行也丧失了处理敏感问题的最佳时机。

银行要想解决这个问题，必须明确敏感问题责任制。可以采用银行领导牵头、银行公关人员分片的方式进行敏感问题的查办。银行领导可以根据媒体不同，分配给银行公关人员，让他们进行“分区治之”，这样就能让敏感问题查办责任制落到实处，才能让银行公关人员各司其职，监测并解决掉银行的敏感问题。

银行公关人员在敏感问题的处理上，坚持第一时间行动，严格按照问题处理机制，做好自己的本职工作，就能够让“敏感问题”不“敏感”，另外通过立即行动、及时疏通，解决问题，给客户留下一个极佳的印象。

2. 组建网络发言人队伍

互联网已经成为公众信息交流的最大平台和网络舆论的放大镜。银行负面舆论一旦在互联网平台曝光，很有可能给银行带来难以估量的损失。银行组建网络发言人队伍，能够及时了解网络舆情、体察民意，做好舆情的及时沟通，从而降低网络舆论给银行带来的风险。

选择哪些工作人员作为银行网络发言人，一直困扰着银行的管理者。在我看来银行公关人员是网络发言人的不二人选。因为银行网络发言人的工作职责就是帮助银行对外发声，和网民进行沟通，这要求他具有专业的公关知识、沟通技巧。银行公关人员作为银行公关技能最高工作人员，完全有能力胜任这份工作。

确定了银行网络发言人人选之后，就要明确发言人的职责是什么。很多银行网络发言人经常出现职责错位的现象。做好以下 3 个方面就会成为一个合格的网络发言人。

(1) 听取网民的意见和建议

银行发言人要想“说好话”“会说话”，首先要学会倾听，倾听网民的意见和建议。这里的“倾听”不是要求银行发言人听取每一个网民的意见和建议，而是要倾听网民对银行共同的建议，得出网民对银行的态度和看法。

银行发言人收集好这些信息，分析这些意见的原因，就能够找出银行管理和组织的漏洞。将这些漏洞修补好，就能从源头上杜绝网络不利言论

的产生。

（2）发布银行最新消息和政务

为什么网上经常出现一些银行虚假的舆论？虚假舆论的形成，很多时候都是因为网民不了解银行信息，把自己的主观臆测放到互联网上。银行网络发言人主动将银行的信息、政务在网上公开，网民可以及时了解到银行的最新消息，防止网民错误猜测。

银行网络发言人在发布最新消息和政务时，要保证发布的信息简洁、有价值、给网民提供更多的“干货”内容，能被网民信赖。发布这些有价值的信息，让谣言不攻自破。

（3）疏通舆情

每个银行网络发言人都必须要掌握网络舆情疏通的能力，网络舆情的疏通能够减弱银行负面网络口碑的影响。银行网络发言人在舆情疏通时可以用以下两个手段：

①以理服人。当网上出现银行虚假舆论时，银行网络发言人切不可采取沉默的方式，而应该主动在网络上发声。银行网络发言人在发声前，一定要准备具有说服力的资料，做到有理有据，使网民信服，这样银行负面舆论也会自动消失。

②气势上要强势。银行网络发言人在处理网络负面舆论时，一定要保持高昂的斗志，即气势不能输给网络舆论。因为一旦网络负面舆论气势过强，它就像海浪一样再次袭来，将你拍倒在沙滩上。

银行公关人员作为银行的网络发言人，做好听取网民意见和建议、发布银行最新的消息、疏通舆情的职责，能够让网络发言人的队伍更富竞争力，在网络舆情处理上游刃有余。

3. 寻求意见领袖

根据国外一项权威传播调查研究，发现网络意见领袖在传播过程中起着举足轻重的作用，网络媒体并不是直接对公众产生影响，而是首先影响网络意见领袖，然后通过网络意见领袖去影响网民。银行公关人员要想解决网络不利言论，就需要意见领袖的帮助。

银行公关人员花费大量的时间、人力和财力找到的网络意见领袖，发现他们并不能帮助银行在银行不利言论下发声。出现这种现象的原因就是银行公关人员并没有找到适合银行的网络意见领袖。银行网络意见领袖应该符合以下四大特征。

（1）习性相近

俗话说："物以类聚，人以群分。"银行网络意见领袖要想影响他周围的人，他必须和周围的人有共同的价值观、信仰，相同的职业，这样他才有可能对周围人产生影响。关注银行信息的网民，大部分为银行的客户或者投资者。可以总结银行网络意见领袖必须生长在金融环境下。

（2）社会地位

银行网络意见领袖的社会地位要比网民高，也不能过于悬殊。据调查发现，55%的受访者认为作家、教授和老师的社会地位最高，他们能够散发出"晕轮效应"，说的话、做的事更容易引起网民效仿。这个研究告诉我们银行网络领袖最好在作家、教授和老师中间产生。

（3）个性化特征

银行寻找的网络意见领袖必须具有鲜明的特征、有个性。在语言、做事风格上有独到的一面，能散发个人魅力，在网上发表的内容有个性、有特色。

（4）信用原则

信用原则是网络意见领袖的最大特征。网络意见领袖是站在一个第三方的立场说话的，他不属于任何一方，他说的话也就更客观。银行要找的意见领袖必须诚信，在网民心中拥有较高的忠诚度。

（5）影响力大

影响力大是网络意见领袖的灵魂所在。银行要找的网络意见领袖必须

在网民心中有较高的知名度，他说的话能够被更多的网民听到，在潜移默化中使网民效仿他的行为。

银行公关人员寻找的银行意见领袖必须要满足这五大特征，缺一不可。以下三类人可以充当银行的意见领袖。

①微博金融界“大 V”。他们拥有专业的金融知识，发表的内容也更容易被人相信。他们的微博至少有 10 万以上粉丝，每条微博都有较高的转发量和评论数。

②活跃在门户网站的财经专栏作家。他们背靠知名度高的门户网站，有扎实的编辑知识，对财经信息了解颇多，发表的文章会得到更多人的认可。

③银行贴吧或者财经论坛人气颇高的坛主。坛主在论坛中拥有较高的人气，同时也拥有专业的金融知识，他发表的帖子会得到论坛小伙伴的追捧。

4. 深化与网民的沟通

沟通不畅是银行网上负面舆论产生的元凶，银行公关人员深化与网民的沟通，将网民问题及时解决，就能从源头杜绝网络不利言论的产生。

银行公关人员如何掌握与网民沟通这门艺术，可以从以下 3 个方面进行。

（1）通过各种方式增加与网民的沟通

互联网技术的发展，扩大了网民发布信息的渠道和范围，银行过去那种电话联系的沟通方式收效甚微。银行公关人员要想与网民深化沟通，必须采取网民喜闻乐见的媒体。例如，银行自建的微信公众号、官方微博、官方网站就是较好的沟通方式。

银行公关人员可以在银行自建的微信公众平台和官方微博媒体，每天推送银行的政务或者产品信息。银行公关人员在推送信息时，坚持少讲概念，多讲事实、多讲具体用户关心的问题。

银行公关人员在与用户沟通时要利用好银行自建的网站，及时发布银行的政务、人事变动信息，同时在自建的网站要加入网民投诉建议版块，方便网民表达，银行收到后及时和网民进行沟通，解决存在的问题。

（2）对网民的问题进行及时的回复

银行公关人员通过与网民沟通，收集到网民大量问题时切不可采取置之不理的态度。银行公关人员要做的是及时回复网民的问题，解决网民的疑惑，在回复网民问题时首先要分清是个别网民关心的问题还是普遍网民关心的问题，对于个别网民的具体问题，银行公关人员可以在网民问题的发言地进行一对一、专业的回复。回复之后，要对回复效果进行回访，和网民沟通有无解决他的困惑。

另外，针对一些网民普遍关注的问题，银行公关人员可以在官方微博、公众号、网站进行官方发声，让发声权威性强。如果遇到的问题比较棘手，银行公关人员个人难以解决时就需要将问题上报给上级部门。

（3）对网民问题进行梳理

梳理网民问题是网民沟通的最后一步，银行公关人员做好这一步能够完成沟通的闭环，使沟通发挥最大的价值。将网民问题分门别类，从而找出这一类问题的根本原因，才能够从根本上解决网民的问题，防止出现二次问题。

银行公关人员通过深化与网民的沟通，解决银行的问题，从而拉近银行与用户之间的距离。同时银行公关人员通过解决网民的问题，锻炼问题处理能力，从而提升自身公关能力。

第九章 银行的网络口碑引导

“宜引不宜堵”是银行公关人员处理网络口碑的原则。进行口碑引导时可以通过建设自媒体运营平台发声，引领网络口碑，同时也要强化自媒体平台的效用，让银行的发声更有影响力、更有价值。

建设自媒体运营团队

银行要想在自媒体时代下存活，必须要建设自媒体运营团队，通过集结团队的智慧来引导银行的网络口碑建设。对于建设好自媒体团队，做好以下3步即可：①自媒体运营官首先明确职责；②选择好平台；③做好运营策略选择。

1. 自媒体运营官的职责

有一句话讲：“1名自媒体运营官相当于企业的100名销售人员。”由此可见自媒体运营官在银行发展中起到越来越重要的作用。如何让自媒体运营官最大限度地帮助银行？具体来讲，自媒体运营官应该履行以下3个职责。

（1）负责好银行自媒体平台的策划、选题和出稿

银行自媒体运营官的第一要务就是管理好平台，做好平台内容的策划、选题和出稿。运营官要想做好平台的策划，首先要问自己两个问题：

①银行自媒体平台的任务是什么？银行自媒体运营官首先要明白银行搭建这个平台为了什么：是为了提升银行品牌知名度，还是联系客户或者

推广新的理财产品？银行自媒体运营官清楚平台的任务，就能保证策划的内容更清晰化、具体化。

②银行自媒体平台的受众是谁？运营官在策划内容前首先要考虑好平台的受众是谁，这个受众是不是银行客户或者潜在客户。明确对谁说话，才能说好话。

银行自媒体运营官明晰平台的任务、受众之后，就能在平台内容的策划、选题和出稿上紧紧围绕任务和受众，发布真正具有针对性强、受众喜欢的平台内容。

（2）分析受众的需求，根据受众需求调整平台内容

银行自媒体运营官如果一直在平台发布同一类内容，受众必然因内容单调不再关注你。所以运营官只有适时适度调整平台内容，才能赢得受众的长期关注。

运营官要想保证平台保持一个长期较高的关注度，必须了解银行的受众，分析受众的需求、年龄、职业、兴趣、收入情况等。

得出用户最想通过平台获得什么内容、对现在的平台的内容的态度以及现在的平台有无满足他的需求。如果没有，这时运营官就需要及时调整平台内容，从而获得受众的二次青睐。

（3）利用运营数据，分析银行自媒体的效果

运营官必须清楚平台的运营效果，知道每天推送的内容有多少人阅读，对他们产生怎样的影响。

阅读量是媒体效果的重要指标。阅读量越大，说明内容被越多人看到，内容的影响力也就越大。阅读量是个宽泛的指标，它不能精准反映用户对内容的喜欢程度。分享和转载是衡量平台内容优劣的精准指标，因为受众只有喜欢你的内容，他才会分享和转载你的内容。

银行运营官要想对平台效果有个清楚的了解，必须对阅读量和分享量进行双重分析，得出一个全面、有价值的分析指标，从而更好地衡量平台

的价值。

银行自媒体运营官做好策划平台内容、分析受众需求、分析后台运营数据的本职工作，可帮助银行了解用户、沟通用户、让用户听清楚银行的发声。

2. 自媒体平台选择

自媒体平台多种多样，每个平台都有自己特色的定位。银行要想选择一个合适的自媒体平台，首先就要了解不同平台的特点。

自媒体平台分为公共平台和自建平台。公共平台影响力较大的有微博、微信公众号；自建平台主要有官网、银行自建 App（应用程序）。

（1）微博

微博通过分享、转载可加快信息的传播速度，扩大传播范围，它是最早的自媒体平台，能够完成与用户及时的互动。银行搭建官网微博，能够更好地与受众进行交流，把银行的信息推送出去，经过粉丝转载被更多人看到。

粉丝量和微博评论转发量是衡量银行微博影响力的重要指标。运营官要想在微博平台发声更响，首先要增加银行微博粉丝关注量，银行可通过线下的公关活动，将客户从线下搬到线上。

其次要提高用户的参与度，保证银行每条微博有较高的转发量、评论数，保证微博的生命力。要想让用户主动充当银行活的广告牌，自媒体运营官要保证你的微博的内容有料、有趣、满足受众的需求。

（2）微信公众平台

微信公众平台是由微信衍生而来。相比微博，它和受众互动性更强，可以及时进行语音交流，微博通过用户的转载和评论和用户沟通，在互动性上不如微信公众平台。

而银行要想在微信公众平台做好文章，必须保证你的内容原创、有料、有趣。这样才能在用户众多的订阅号中脱颖而出，获得用户的好感。

（3）银行官网

银行搭建最早、体系完善的自媒体平台就是银行官方网站。运营官可以在银行官网发布银行最新的消息、政务、财务状况，展示银行的文化、经营理念等。

但是银行官网最大的短板就是流量一直上不来，受众很少主动浏览银行的网页。出现这种现象的原因首先是运营官网站内容更新慢，内容陈旧，让用户产生视觉疲劳，所以用户很难进行二次访问；其次是网站实用性不强，受众进入网站并没有给他带来便捷。

运营官要想通过银行官网这个切口，沟通好受众，首先要经常更新网站的内容；其次要添加一些有趣、实用性强的功能，将受众吸引到网站上，将网站流量提上来。

（4）自建 App

移动互联时代的到来，加速了中国智能机市场的崛起，截至 2015 年 6 月底，智能机的普及率高达 66%，超越英、美。银行推出自建 App 能够给用户带来全新的体验方式，满足用户的转账、缴费的需求；同时 App 也能够帮助银行对外发声，在 App 平台上发布银行最新的消息、理财产品等，使银行和用户之间的关系更为紧密。

但是银行自建 App 前期需要花费巨额的投资。像被认为"活得不错"的美业 O2O 河狸家，创始人雕爷在一次访谈中谈到，做 App 相当烧钱，仅前几个月推广，就花光了前两轮融资的 5000 万元。如果银行要想在自建 App 有所建树，必须要准备好前期的资金，以便全面进行市场开拓。

银行在进行自媒体选择与建设时，切不可盲目、跟风，而应该根据银行的实际情况来进行。对于银行自媒体的选择，银行运营官要坚持做互联网思维，即先坚持做一个平台，把这个平台做到极致、被更多人使用，引爆受众口碑，形成口碑效应，从而获得大量受众的认可。

3. 自媒体运营策略选择

成功运营自媒体，对于银行自媒体运营官来讲是个莫大的挑战。银行自媒体运营官要想运营好自媒体，必须掌握自媒体运营策略。

（1）银行要把自媒体提到银行的战略层面

移动互联网时代的到来，传统硬性广告模式面临巨大挑战，口碑营销俨然成为新的营销模式。银行要想在未来营销中存活下来，必须搭建好自媒体平台，帮助银行实现口碑营销的基础。银行在这种情况下，必须要把自媒体提到银行的战略层面。

在搭建自媒体平台前期，银行必须要拿出持续“烧钱”的勇气进行自媒体的建设，可能前期花个几千万元，效果不佳，这时切不可放弃。必须要坚持下来，因为自媒体是未来银行发声最重要的平台，如果不建设自媒体，银行也注定被未来市场淘汰。

（2）先做服务再做推销

在银行自媒体运营上，应先做服务再做推销。很多银行本末倒置，先推销后服务，而将自媒体的运营逼到死胡同。出现这种现象的原因就是自媒体运营官不清楚用户为什么会关注它。我们想一下，我们为什么关注某些企业的公众号、微博？是因为它们能够给我们提供服务、欢乐。

所以运营官做自媒体平台时，首先要给粉丝提供服务。自媒体运营给粉丝提供后台业务的办理，或者是解答用户的疑虑，时间一长，粉丝离不开你。那么这时你再进行一些软文推销，这样粉丝也不会反感，甚至会主动充当你的广告牌，自行转发你的微博、微信，到时银行推销也会取得事半功倍的效果。

（3）内容要为王，形式要有创意

银行媒体运营官在进行平台建设时，一定要坚持内容为王，给受众提供一些有价值的内容，确保每一条内容都能够给用户造成冲击感，让受众记住银行的品牌。如果运营官没有过硬的内容，就不要发布，从而防止因内容过滥引起受众的反感。

自媒体平台的内容要及时更新，保证用户获得银行最新的内容。同时自媒体内容的呈现上形式也要颇具多样。在内容的编排上，尽量选取贴合受众的内容，从而引起受众的极大共鸣。

中国农业银行官方微博就曾推送这样一条微博，大致内容是银行工作人员及时阻止一位阿姨向骗子汇款的故事，在微博的最后又提供几招戳破骗子的招数。这条微博受到粉丝的转载和点赞，农行负责任品牌形象在受众心中树立起来。

这条微博给运营官的启示是，平台在内容的推送上一定要挑选与受众相关性高、有价值、能够帮助他的内容，才能获得用户的好感，让用户自觉充当银行移动的广告牌。

银行运营官在自媒体建设时要运用好这 3 个策略，就能够帮助银行建设一个影响力大、辐射范围广的自媒体。

强化自媒体平台效用

很多银行自媒体平台建立之后，仅仅把自媒体平台当作银行“发声”的工具，银行这样使用自媒体平台无疑是大材小用。银行要想发挥自媒体全部价值，可以从聚焦客户资源、引导客户口碑、改善服务体系、塑造银行文化及形象四个方面入手，使自媒体更好地帮助银行发展。

1. 聚焦客户资源

银行要想让自身搭建的自媒体平台拥有强大的竞争力，除了靠提升知名度外，还可以深入分析自媒体平台现有的客户资源和潜在客户，充分挖掘客户的需求，让银行取得最大的收益。

能否聚焦好客户资源，分析好客户信息，是衡量一个银行媒体运营官成功与否的重要标准。银行运营官可以从以下两个方面聚焦客户资源。

（1）全面分析平台的客户资源

很多银行自媒体运营官认为银行微博粉丝或者微信公众号关注者就是银行的客户，然后对每个关注者提供“标准化”服务和推销，这种做法就像“大海捞鱼”一样，的确能找到客户，但是不能精确地甄别出客户群，没有分清客户的具体情况实施具有针对性的推销，客户的价值也挖掘得不够透彻。

银行运营官要想充分挖掘出客户价值，首先要全面分析你的粉丝、受众，了解他们的需求。运营官可以通过浏览用户的微信、微博，从他的朋友圈、微博得到他的爱好、消费习惯，之后通过一定科学分析方法，推测出他是银行的潜在客户，还是银行现有的客户或者是非银行客户。

银行运营官除了分析用户个人具体情况外，还要分析用户关注平台的核心需求是什么，用户想从平台获取银行什么样的信息。通过全面分析客户资源，不仅得出银行的潜在用户、现用户，也可以及时调整平台的内容，更好地满足客户的需求。

（2）全面开发客户资源

通过分析银行运营官得知用户的具体情况，而后，全面开发潜在用户和现有用户资源。如何让你的潜在用户变成你的有效客户？银行运营官首先要做的就是接触客户，给他们提供一系列的服务，让他们充分感受到银行良好的服务，之后通过平台进行适时具有针对性的推销银行的产品，让潜在用户变成有效用户。

如果是银行现有的客户，银行媒体运营官可以通过不断地创造惊喜去感动老客户。例如，给他们提供一些礼物，或者满足之前在推销时给他们的承诺，使客户感动，然后推销银行产品，实现客户二次开发，实现银行二次增值。对于非银行的受众，银行运营官要果断放弃，避免资金的浪费。

银行运营官通过以上两个方面从而聚焦客户资源，能够清楚得知用户核心需求，给用户推送真正适合他的产品，实现精准营销，从而实现平台客户资源价值最大化。

2. 开展口碑营销

很多银行自媒体运营官认为，银行要想在平台做好口碑营销，必须在平台提供好的内容和服务。这种观点是不全面的。

同事给我推荐一个5A级旅游景点，告诉我景色多优美、工作人员服务态度多好，我去之前带着较高的心理预期。我进了景点之后，景色是很美，服务也很好，但是我总感觉它并没有满足我的心理预期，所以我对这个景点印象并不好。

举这个例子就是想告诉自媒体运营官，要想做好口碑营销，必须要保证你提供的内容和服务能够超越受众的心理预期，这样他就会感到惊喜，如果你能一直提供给他源源不断的惊喜，他肯定会长期关注银行平台的内容，主动充当银行的“网络水军”。

（1）“大尺度”内容，故事化传播

银行在受众的心中，是一种严肃、高高在上的形象，这种形象显然不符合现在受众追求刺激、有趣、放松的品位。银行自媒体运营官要想在自媒体平台开展口碑营销，必须改变原先刻板、严肃的品牌形象。首先应该在自媒体平台推送“大尺度”内容，这里所指的“大尺度”内容并不是指无节操、低俗，而是相对银行过去内容的突破，内容更加有趣、轻松、活泼。

另外，银行自媒体运营官在传播内容上，多采用故事化传播。故事化传播情感性更强，更能打动用户的心。在故事传播中隐性植入银行的品牌理念，通过当下受众喜欢的视频模式，使得传播内容更生动、形象。

（2）发挥银行意见领袖作用

银行自媒体运营官要想扩大银行口碑营销的影响力，必须要找到银行的意见领袖。通过他们的转载、分享自媒体平台的内容，让银行更多的客

户或者潜在客户知道平台优秀的内容，之后受众在网上进行讨论，引爆银行口碑营销。

如何发挥银行意见领袖的作用？银行自媒体运营官需处理好与意见领袖的关系，给他们提供一些实质性的福利，从而调动他们的积极性，保证自媒体平台推送的内容，使他们能够第一时间转载、分享，使得平台的优秀内容及时被用户看到。

银行自媒体运营官通过对平台内容的颠覆，使得平台内容超过用户的心理预期，从而积攒用户的口碑；通过意见领袖的舆论导向作用，扩大银行的口碑影响力。

3. 完善服务体系

“别卖产品卖服务”已成为众多企业的营销战略，服务好用户对企业的重要性不言而喻。银行要想在未来市场中抢得更大的先机，必须把“服务”提到银行战略位置。

移动互联时代来临，服务分为线下和线上自媒体两种模式。银行线下服务，经过近几年的改革效果显著；但线上自媒体平台服务堪忧。银行要想用线上和线下服务共同发力，首先要完善线上自媒体的服务体系。

（1）制定服务标准

银行自媒体运营官要想改变线上服务不佳的情况，必须要制定回复受众、时间、态度，以及事后回访的标准。当受众在自媒体平台提出问题时，自媒体服务人员必须要及时回复，用户的问题 5 分钟内必须受理。另外，在回复受众问题时，规定用词标准、服务态度，防止因不当服务而造成客户的流失。

自媒体服务人员回复好受众问题之后，并不意味着工作的结束。事后必须要进行回访，询问有无解决受众的问题。如果没有解决，要立即给受众提供新的解决方案。

制定好平台服务标准能够让服务人员更好地服务受众，快速解决受众的问题，提升银行在受众心中的品牌形象。

（2）自媒体平台提供细节服务

细节服务不是传统标准服务，它建立标准服务至上的理念。细节服务更多的是一种创新性和个性化的服务。银行自媒体平台如何提供细节服务，具体可以通过以下几个方面努力：

①要树立受众第一的理念。自媒体的服务人员要树立“受众就是上帝”的思想，只有在思想上树立“受众第一”的思想，才能在用户出现实际问题时，及时将其解决。

②培养一支高素质的团队。平台员工是细节服务的主力军，员工素质决定团队的战斗力。银行自媒体运营官必须打造出一个具有敏感、战斗力强、高素质的团队，才能在处理受众的问题时得心应手。

③提供创新和个性化的服务。平台服务人员要想获得受众的青睐，必须提供具有针对性、创新的服务满足客户的个性化需求。在提供创新服务前必须要对受众进行系统的分析，分析他们的朋友圈、微博，了解他们的爱好、需要的具体服务。平台服务人员提供给受众具有针对性的服务，打开受众心智，实现银行精准营销。

银行自媒体运营官通过制定服务标准，使服务人员服务标准化；通过提供细节服务能够更好地满足受众的需求，打开受众心智，完成终极营销。这样银行自媒体运营官就能做好线上的服务，配合银行线下服务，从而给银行受众提供更全面的服务，获得更大的用户群，抢得未来更大发展先机。

4. 塑造文化及形象

据盖普索最新研究发现，银行文化占银行声誉的比重高达60%以上。银行要想取得良好的声誉，必须要进行银行文化及形象的塑造。随着自媒体的崛起，银行通过传统媒体塑造文化的方法已很难奏效。银行要想塑造文化和形象，必须妥善利用好自媒体平台。

银行自媒体运营官在塑造银行文化前，首先要清楚知道银行想在自媒体平台展现什么样的形象，是诚信、稳定、亲和还是收益率高的形象。其次必须清晰目标，而后才可以利用各种平台向外推送消息。在推送消息时，要保证推送消息价值性必须坚持下面两条原则。

（1）推送与银行文化相关的内容

银行自媒体运营官推送消息时，一定要保证推送的内容和银行文化相关。这样会让受众从你所推送的信息中明白企业的形象。假如平台推送过多和银行文化不相关的消息，必然会导致银行的形象模糊化，受众很难清楚明白企业的形象。

我见过有些银行的微博，早晨发布关于饮食的微博，中午健身方法，下午心灵鸡汤，晚上睡前一语。像这样的自媒体平台并不能帮助银行树立企业形象；相反，受众只会觉得银行微博无特色，营养价值不高，更别提受众从中体会企业形象。

银行自媒体运营官要想通过自媒体平台提升银行形象，必须要保证平台每条内容都和银行的品牌形象、理念有关联，只有这样，才能通过平台塑造银行的文化和形象。

（2）通过线上打通线下渠道，共同塑造银行文化及形象

银行要想使线上树立的品牌形象更加牢固、可靠，必须找到着力点，这个着力点就是线下银行。即银行线上筹划关于银行文化的活动，线下深化银行活动。假如银行在自媒体定位亲近用户，可以在线上举行围绕亲情的活动，当线上活动进行到热烈时，这时适时将线上活动搬到线下。通过线下的落脚点就能引爆整场活动，深化线上银行的活动。

银行自媒体运管官通过推送和银行有关的文化，更好地展现银行的文化、主题形象；通过线上打通线下两种渠道，线上线下营销活动主题的整合能够更好塑造银行文化形象，让银行文化形象被更多人认识且熟知。银行的品牌形象得到提升，文化软实力得到增强，能帮助银行在未来的市场竞争中取得更大的先机。

客户公关，从源头控制投诉

第十章　树立正确的“投诉观”

很多银行公关人员一直将客户的投诉视为“洪水猛兽”，他们认为客户投诉只能给银行带来不利的影响。银行公关人员的这种想法是片面的、不正确的。如何改正这种错误思想，首先银行公关人员要全面认识客户投诉，了解投诉给银行带来哪些好处，继而更新自己对客户投诉观点，认识到客户投诉是银行“免费”的资源。

全面认识客户投诉

很多银行公关人员谈到客户投诉就“头大”，他们认为客户投诉就是向银行“泼冷水”，银行公关人员出现这种认识的原因，主要是没有全面认识客户投诉，不明白客户投诉的原因、渠道和诉求变化。

1. 投诉产生的三大原因

银行工作人员在工作中不可避免会遭到客户的投诉，银行公关人员作为银行和客户关系的润滑剂，必须要妥善处理好客户的投诉。要想处理好投诉必须“溯游从之”，找到投诉的原因。

（1）银行产品没有达到客户的心理预期

银行客户和银行工作人员对簿公堂的例子不胜枚举。客户说银行工作人员欺骗他，他通过银行柜台买的理财产品并没有取得银行工作人员的承诺。而银行工作人员说，当时已经给客户说明风险，有可能会造成财产的损失。

出现这种现象的原因，就是由于银行工作人员和客户沟通不畅导致的，客户期望过大，收益没有达到客户的期望，客户心理落差过大。所以他认为银行工作人员欺骗他，那么他就会先投诉，如果投诉无门之后，就会和银行对簿公堂。

（2）客户对银行工作人员不满意

“供需关系”的变化，使得银行从“皇上”沦落到“奴婢”，如果银行工作人员对客户的态度不好，未能给用户提供良好的服务，或者银行工作人员冒犯客户，必然会遭到客户的投诉。

我就曾经投诉过一个银行的工作人员，原因如下：2014 年 7 月下午 2 点钟左右，我到一家银行办理汇款业务，我向一位工作人员要汇款单。他当时正在打盹儿，看来我打扰了他的美梦，他极不耐烦地给了我一张汇款单。当我向他咨询汇款单如何填写时，他咕哝了一句：“怎么这么烦，这都不会填。”我听得很清楚，并且我闻到了浓烈的酒气。当时我就说：“这就是你的工作态度，喝酒上班，不尊重客户，我要投诉你。”之后，我确实投诉了他。虽然当地银行公关部门给我赔礼道歉，但是银行品牌在我心中就因为工作人员的疏忽一落千丈。

银行工作人员服务态度问题是客户投诉的主要原因，很多银行工作人员不注意自己的言行举止，顶撞客户，引来客户的投诉。

（3）客户自己的原因

有的客户对服务十分挑剔，准确来讲就是强迫症。我曾经在办理业务时见到过这样的奇葩客户。他到银行柜台存款，银行公关人员叫他签字，他签好字之后，感觉字写得太难看，就要求工作人员重新给他一张存款单，银行公关人员当然不同意。他就以工作人员服务态度差而投诉工作人员。

还有一些客户，在办理业务时由于自身心情问题，当银行工作人员给他办理业务时，他可能会提出过分苛刻的要求，如果银行工作人员无法办

到，他就会认为工作人员态度不好，可能会遭到他的投诉。

银行公关人员了解了用户投诉的3个原因后，在处理投诉时可做到有的放矢，制定出具有针对性的解决方案，更好地解决客户的投诉问题。

2. 投诉的双面诉求

很多银行工作人员认为投诉的客户都是“处女座”附体，过分的完美主义者。如果银行公关人员这样认为就大错特错了。常言道：“一切事物的发生都有它不得发生的理由。”客户投诉主要是因为以下两个原因：一个是为了解决问题；另一个就是发泄情绪，寻求银行公关人员的“安慰”。

客户投诉银行时就像病人看病一样，他主要的目的就是解决自己的问题，减少自己的利益损失。我过去就投诉过一次中国农业银行。

2013年我在中国农业银行柜台工作人员的推荐下买了两根金条，付款之后，我把金条带回家。回家之后，我发现装金条的盒子出现裂缝，家中也无多余存放金条的盒子，当时比较着急，我就拨打农业银行官网客服电话，投诉金条盒子问题。客服人员服务态度比较好，第二天就派人给我送来一个全新的金条盒子，解决了我的问题。

我当时针对银行金条盒子问题进行投诉，主要是为了解决金条存放问题。我相信大部分客户进行投诉也都是从自己的利益出发，想通过投诉解决自己一些实实在在的问题，而不是抱着求赔偿，或者钻空子的心理进行投诉。

银行公关人员在接到投诉之后，首先要做的就是理解客户，想出客户投诉的解决方案，最大限度地减少用户的损失，防止客户因银行问题遭到巨大损失。提高银行对用户的关注度不失为一种好方法。

很多客户提出他的投诉诉求，有可能不是为了解决问题，而是获取情感上的满足。例如，有客户投诉银行的环境问题，如银行地面不整洁或者银行门前车辆乱停放等，仔细分析这些问题，会发现这些其实并不涉及客户切身利益。

我们反问一下客户为什么会投诉呢？客户投诉主要是看银行对待客户的态度是什么样子：银行是否真正将用户的利益放在首位？有没有把“客户当成上帝”？客户能不能从中感受到银行对自己的关心？

客户通过投诉能够快速解决掉自己的问题，最大限度地避免问题给自己带来的损失，同时也能让自己说的话被银行听到，但是客户希望他们的声音能够被银行听到，真正成为银行的“上帝”，而不是任由银行牵着鼻子走的“俘虏”，客户从银行对待投诉上，也能获得情感上的慰藉。

3. 投诉的主体及渠道变化

2008 年金融危机以后，银行都开始广泛关注和重视金融消费者的利益，保护金融消费者的合法权益。据调查，通过多年的励精图治银行整体形象有了质的飞跃，但是有些问题依旧突出，其中最主要的就是客户投诉问题。银行不能处理好客户投诉的原因在于银行未能发现客户投诉主体及渠道变化。

（1）投诉主体变化主要指投诉领域集中化

现在客户投诉主要集中于三方面，银行工作人员的服务态度、业务水平和工作效率，据调查，这三方面加起来占银行总投诉比重的 67% 。其中，银行工作人员服务态度占 30% 左右。通过分析，发现它们都是从客户的主观感受出发，客户在乎银行服务的水平和质量。

投诉业务集中化，过去客户投诉银行都是关于存款和投资理财业务，现在银行公关人员接到的投诉大部分是关于贷款业务、贷款业务纠纷，其次是投诉信用卡和代理保险业务。

（2）投诉渠道多样化

过去客户通过写信、打电话给银行有关部门进行投诉，反映问题，不仅慢，而且不能快速得到解决。现在客户的投诉渠道多样化，不仅可以通过电话、银行官方微博、微信公众号进行投诉，而且可以借助新闻媒体曝光银行的行为，通过银行监管部门、行业协会、消费者协会进行投诉。

客户投诉的主体更倾向于自己的主观感受；投诉渠道更多样化，客户投诉更方便，能够让自己的声音被银行听到。投诉主体和渠道的变化，对银行公关人员来讲既是挑战又是机遇，挑战就是银行公关人员花费大量时间受理客户投诉，可能有些投诉会让你烦不胜烦。机遇是银行公关人员可以通过投诉发现银行存在的问题，帮助银行的组织、管理模式的更新，从而让银行获得更大的软实力，有更强的核心竞争力去参与未来市场的竞争。

客户投诉是“免费”资源

客户投诉就是银行的“免费”资源，如何运用好这块“免费”资源？银行公关人员首先要明白，投诉的客户是朋友而不是敌人；其次要清楚知道投诉的具体价值。只有这样才能发挥客户投诉最大的价值。

1. 投诉的客户是朋友而不是敌人

很多银行公关人员在处理客户投诉时多采取搪塞、辩解的做法，这种做法会遭到客户的反击，双方很容易陷入“剑拔弩张”的状态。银行公关人员要想快速有效地解决客户的投诉，必须把投诉的客户当作朋友而不是敌人来对待。

真正的朋友是能够帮助你改正缺点，督促你成为更加优秀的人；投诉的客户就是银行的朋友，他能够帮助银行及时发现自身的问题，为银行提供树立企业形象的素材。

客户在银行办理业务和产品时，对银行服务是抱有一定的期望值的，当他发现银行提供的服务低于他的心理预期时，他就会产生心理落差，这时他就会投诉。这种针对性的投诉能够让银行公关人员及时意识到银行服务问题，然后通过各种手段来提高银行服务质量，最大限度地获得客户的满意。

当客户的投诉得到及时解决时，客户对银行的品牌就会产生一定的好感。这时他可能会自觉充当银行的移动的广告牌，如通过微博、微信把公关人员积极处理投诉这件事，推送到他的微博、朋友圈，让认识他的朋友知道这件事，无形之中就能形成口碑营销，从而让银行在公众心中树立一个良好的形象。

我曾经充当过中国农业银行移动的广告牌。2015 年 6 月，下午两点钟，我开车到农业银行办理业务。在办理业务时，银行工作人员需要我提供电话号码，当我准备报电话号码时，他的手机响了，他这时摆出一个手势示意我等会儿说，这个手势让我十分不满，4 分钟后，他才打完电话，为我办理好业务。

回到家后，我拨打中国农业银行的投诉电话，将这件事完整告诉受理投诉人员。他当即承诺两个小时内给我回复，让我手机保持畅通。不到一个小时，给我办理业务的银行工作人员给我打来电话，承认他的错误，接连说几句“对不起”，当时他诚恳的道歉态度打动了我。

中国农业银行这种应对客户投诉的态度、方法，我十分赞赏。所以我经常对我身边的同事、亲戚说农行处理投诉的这件事，他们听完我的故事也都对农行竖起大拇指。

客户的投诉并不是“洪水猛兽”式的敌人，相反，它是银行的朋友，它能够帮助银行找到自身出现的问题，及时有效地解决问题，促进整体能力提升。同时处理好客户投诉，能够获得客户的好感，提高客户的满意度，在用户中树立良好的银行形象。

2. 投诉的价值意义

客户投诉对银行来讲主要有两个意义：一个是再一次取得客户的信任，实现客户的二次开发；另一个是客户投诉能够让银行发现新的商机，使银行从厮杀惨烈的红海中一跃跳入开阔的蓝海内。

（1）银行公关人员能够对投诉的客户进行二次开发，使得银行利润实

现二次增值。

客户进行投诉是要付出一定的成本的，它需要客户花费一定的时间和精力。既然如此，客户为什么还要不辞辛劳进行投诉呢？最主要的原因就是客户对银行的厚爱，他想通过自己的投诉迫使银行提高服务水平、工作效率、更新银行的组织和管理方式。

银行公关人员积极对待客户的投诉问题，及时拿出解决方案，解决客户投诉问题，重新获得客户的信任，从而获得客户二次青睐。而后银行公关人员给客户提供新的理财产品，他也会更容易接受。银行通过客户投诉，能够实现对客户的二次开发，实现银行利润的二次增值。

（2）投诉中为银行带来新的发展商机

银行公关人员受理客户的投诉时，不能浅层次分析投诉问题，而是要进行投诉深度分析，找到投诉背后撬动用户需求的杠杆，这个杠杆就是银行新的发展商机。

银行公关人员最近接到小额贷款者不满的投诉日益增多，客户投诉主要集中在银行放款的时间长、审查慢方面。如果仅仅从客户投诉浅层次进行分析，无非就是银行工作效率低、组织、管理模式老套，但是如果我们从深层次分析，就能找到银行深层次问题，反思是不是就因为这些原因让银行损失掉大量的客户。如果是这样，银行应该怎样做才能把原先流失的客户群拉回来。

通过深入分析小额贷款者的投诉，能够为银行开辟一个前景广阔、小额贷款的市场。银行就能发现新的发展商机，赢得更大的发展机会。

银行公关人员通过对投诉深思、总结，能够从投诉中找到银行新的发展商机，促使银行迈入新的蓝海，同时投诉能够实现客户的二次开发，银行从客户身上重新找到利润点，实现银行利润最大化。

第十一章　客户投诉应对三部曲

银行公关人员在应对客户投诉时，银行公关人员做好客户投诉的受理、处理、改进三个流程，并做好三个流程内的细节问题，就会更好地处理客户的投诉。

受理

受理客户的投诉是银行公关人员必须面对的问题。银行公关人员要想处理好投诉，应从保证投诉渠道畅通、平息用户的不满、掌握受理投诉要点 3 个方面进行。

1. 莫让投诉无门

"投诉无门"只会伤害客户热忱之心，让客户对银行失望，最后弃银行而去。银行公关人员要做的是搭建好投诉平台，打通投诉通道，让客户投诉畅通，从而获得客户二次青睐。如何搭建投诉通道？具体可以从线上和线下两个方面着手。

（1）线上投诉通道让客户投诉便捷化

移动互联时代的到来，手机充当着越来越重要的角色。银行公关人员可以借移动互联之势，推出线上客户投诉平台，在线上客户可以通过手机进行投诉，方便快捷。在具体搭建平台上，可以在银行的官方微博、公众平台、网站增加投诉版块，在每个投诉版块后面，配有专业、大量客服人员，以处理好客户的投诉。

银行公关人员也要制定线上投诉处理的标准，如5分钟内处理投诉、一天后回访制度，保证线上投诉快捷、高效。

电话投诉算是线上一种“异类”，它也是银行接受投诉的一个重要途径。客户通过拨打银行投诉电话可以和投诉受理者取得联系，将自己的投诉递送。银行则必须公布投诉热线，同时在热线下配备足够多的工作人员来处理客户的投诉。

(2) 线下投诉通道“深化”处理客户投诉

如果客户仅仅通过线上进行客户投诉，虽然也能解决客户问题，但是给客户更多的是一种虚拟化的感觉，并不能让客户感受到银行为他投诉服务的真实感。要想给客户提供一种银行解决投诉真实感，银行公关人员可以建立线下投诉通平台，依据抵御范围建立投诉平台，它很像一些手机厂商的售后服务中心一样，建立一个“根据地”，集中解决用户的投诉。

线下投诉平台的建立，会给客户提供一个更真实的投诉场所，客户可以很真实地感受到投诉处理人员热诚的服务态度。另外，建立线下真实投诉平台能够让客户感受到银行对客户投诉的重视，充分显示出银行的责任感。

银行通过微博、微信公众平台、网站、电话，以及组建线下投诉点，让投诉渠道更加畅通，改变过去客户投诉无门的情况，以充分保证客户投诉权，快速处理客户投诉，获得客户二次信任。

2. 平息客户不满的6个步骤

通常情况下，客户在投诉时都是带着怒气而来，银行公关人员可能由于一不小心说错话引来客户“破口大骂”。如何在客户投诉时，让客户冷静，平息客户不满呢？不妨从以下6个步骤做起。

(1) 倾听

银行工作人员首先要学会倾听，在倾听的过程中，最好不要插话。因为你一旦插话，就可能引爆他的愤怒点，他可能会更加激动。所以你要做的是让他把话说完，让他将不满情绪发泄完，让他的情绪趋于平静。

（2）道歉

当客户发泄完情绪之后，无论孰是孰非，你都应该说："对不起，银行给你带来不便。"通过说这些话，客户能够感受到你对他的重视，他才会耐心倾听你接下来说的内容。

（3）分析投诉的原因

经验丰富的银行公关人员把客户讲的话复述一遍，通过复述客户的话能够得出投诉产生的原因，从而给用户提供解决方案。

（4）积极解决客户的问题

清楚投诉的原因之后，就要分析客户投诉是否成立，投诉的原因是什么。如果是银行工作人员服务问题就要立即承认错误，立即派人进行处理。如果不能及时处理，就要做出时间承诺，给客户吃颗定心丸。

如果是银行产品、业务问题，就不能贸然下结论，而是要承诺解决问题的时间，保证自己有足够多时间进行思考，想出解决方案，从而防止因信息不全而做出错误的处理决定。

（5）如果客户仍不满意，就要问问他的解决方案

当你提出针对投诉解决方案之后，就要询问客户的意见，如果他对解决方案不满意，就应询问他的解决方案。如果他提供的方案合理，就可以采用他的解决方案；如果他的解决方案和银行理念相冲突，就是对解决方案提出异议，之后再和客户进行深层次沟通，制定出最佳解决方案。

（6）跟踪服务

如果你能做到对客户的跟踪服务，更能打动你的客户，提升客户的忠诚度。跟踪服务能让银行解决问题更优秀化。

银行公关人员通过上述 6 个步骤，不仅能够平息好客户的不满，也能给客户提出具体的投诉的解决方案，使客户对银行的满意度得到极大提升。

3. 受理投诉的三大要点

随着客户服务意识的觉醒，客户对银行工作人员提供的服务更加挑剔，客户对银行的投诉率也会更高。银行公关人员作为处理客户投诉的主体，掌握和提高受理客户投诉能力至关重要。银行公关人员要想处理好投诉，需掌握以下三大要点。

（1）全心全意帮助客户解决问题

银行公关人员接到客户的投诉，说明银行的确在某些方面未能保证客户的利益，所以才会引起客户的投诉。这时银行公关人员要做的就是全心全意帮助客户解决问题，做好服务工作，从而赢得客户的好感，也有利于将投诉问题快速解决。

（2）绝不与客户进行争辩

银行公关人员在接到客户投诉后，要做的是平息客户的不满情绪。若与客户争辩，对银行来讲是弊大于利。争辩并不能解决投诉，相反，只会加剧双方的紧张局势。

一旦银行公关人员行为彻底激怒客户，客户可能会通过媒体将银行的行为曝光，给外界留下一个银行无视客户、不尊重客户话语权的印象，这样只会使银行的品牌受损。所以银行公关人员在接到客户投诉时，应该平心静气地和客户沟通，站在他们的立场上理解他们，为他们积极提供解决问题的方案。

（3）做好有价值“承诺”

我见过一些银行公关人员在处理问题时，匆忙承诺解决问题时间、解决方案。或许银行公关认为“承诺”就是一粒定心丸，但是匆忙“承诺”可能是一粒过期的定心丸。因为银行公关人员急忙承诺，可能会让客户感觉银行公关人员在敷衍了事，并没有重视客户投诉，另外，匆忙承诺解决方案，并不能保证方案的正确性，一旦解决不了反而会让银行陷入被动。

有些问题是银行无法解决的，如果银行公关人员坦率地说出实情，很有可能会被通情达理的用户理解。但是如果银行公关人员匆忙承诺，到时只会因为未能履行承诺，而获得客户再一次投诉。

银行公关人员要在处理投诉时坚持“用心解决用户的问题、保持一个服务的态度、做好正确的承诺”三个要点，就能将客户的投诉转化为对银行的好感，让银行获得更大的粉丝群。

处理

当银行公关人员受理客户投诉后，就要进入客户的处理阶段。在这个阶段，公关人员只要掌握好投诉的基本原则、做好投诉处理的心理准备，就能将客户投诉问题处理得更为高效。

1. 投诉处理的基本原则

银行公关人员在处理客户投诉时，坚持以下 3 个原则能让投诉处理更为高效。

（1）及时原则

银行公关人员接到客户投诉时，应该及时、快速处理客户的投诉，用最短的时间来处理客户的投诉，缩短客户对银行的埋怨时间。防止因投诉处理时间过长，引来客户的二次投诉。

银行公关人员及时处理客户的投诉，能够让客户感觉到银行对投诉的重视，拉近客户与银行的关系。同时及时处理好客户投诉，也能在客户心中留下银行办公效率高的印象。

（2）责任原则

客户在进行投诉时肯定会说出投诉的具体单位或者责任人，这时银行公关人员要做的是安抚客户情绪，提出解决方案。但是具体落实到方案的执行，并不需要银行公关人员亲自处理，而是需要被投诉者来具体实行。

通过被投诉者执行投诉方案，能够从源头上解决客户的投诉，解开客

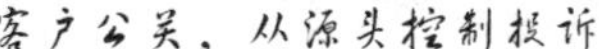

户的心结，同时规范被投诉者的行为，避免类似状况再次发生。

（3）管理原则

银行公关人员必须要对客户投诉问题进行管理，建立银行投诉问题资料库，通过建立资料库给银行工作人员提供警示，避免下次投诉问题的发生。另外，隔段时间要对客户曾投诉的问题进行回访，询问客户对投诉处理的满意度，让客户的问题真正得到解决。

银行公关人员在处理客户的投诉时，坚持及时、责任、管理三大原则，能够更好、更快地处理客户的投诉。恰当处理好客户投诉，能够帮助银行树立一个高效、以客户为本的良好形象。

2. 投诉处理的心理准备

刚入职的银行公关人员普遍会感觉到处埋客户的投诉要面临巨人的心理压力，他们在处理客户投诉时，胆战心惊，生怕一不小心说错话引来客户再次不满。我就“投诉处理心理准备问题”和经验丰富的银行公关人员探讨过，他们给我很多种答案。总结而言，这些答案都是围绕以下 3 点展开的。

（1）时刻提醒自己代表银行

银行公关人员在处理客户的投诉时，一定要时刻提醒自己现在并不仅仅代表自己，更是代表银行的形象。要保证自己的穿着、精神状态能够和银行的形象相匹配，用自己的最佳状态去处理客户投诉。

另外，在和投诉客户沟通时，时刻提醒自己代表银行，保证自己说的每句话从银行整体出发，从而最大限度地减少银行利益损失。

（2）换位思考

我见过银行公关人员在面对客户的投诉时推脱、不承认责任，最终让投诉升级的例子。产生这种现象的原因，就是银行公关人员没有换位思考，充分考虑客户的感受。

客户进行投诉，并不是要银行赔偿他多少损失，而是想让银行公关人员体会到因这个问题给他带来的麻烦。所以银行公关人员在处理客户问题时，应采用换位思考的方式，更好地理解客户的心情。

换位思考体会到客户的心情之后说：“我非常理解你的心情，要是我遇到这样的问题，我也会投诉。”此话一出，就能让客户感觉到银行公关人员也理解他，他就会自觉地降低怒气。

（3）把处理投诉当成一次自我提升的机会

很多银行公关人员一接到投诉电话，心里就暗自苦恼。我相信很多公关人员都有过这样的想法。如果银行公关人员把客户投诉当成一次自我提升的机会，根本就不会产生这样的想法。

处理好客户投诉问题也是银行公关人员能力的体现，这种人才在未来必然会受到越来越多公司的追捧。银行公关人员在处理客户投诉中，积极从处理投诉中吸收养分，就能实现自我能力的提升，增加自己竞争的筹码。

银行公关人员在处理客户时，做好上述 3 个心理准备，就能够快速缓和客户投诉的情绪，保证自己代表银行发出正确的声音，同时在处理客户的投诉中，提升自己的核心竞争力。

3. 投诉处理的一般步骤

银行公关人员在处理客户投诉时，一般情况下按照以下 3 个步骤就能处理好客户的投诉。

（1）有效倾听客户的抱怨

银行公关人员在倾听时，一定要全神贯注，不能三心二意，通过集中精力倾听能够得知客户投诉的关键点，这样使得解决方案的制定也更为准确。同时倾听能够让客户激动的情绪得以平复。银行公关人员在倾听时要善用肢体语言和语言信息，给予投诉者及时、有效的回复，从而更好地满足客户被尊重的需求。

（2）诚心诚意道歉

倾听完客户的投诉之后，要及时对客户进行道歉，表示由于银行工作

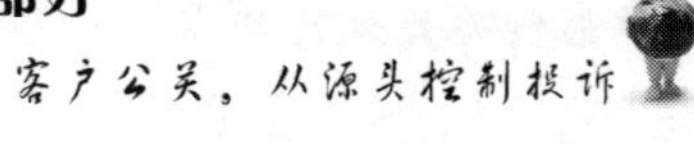

人员或者银行业务因素，给客户带来的不便，从而让客户体会到被重视的感觉。

（3）提出解决方案

解决方案是最关键的一步。只有让客户的投诉得到处理，才能重新唤起让客户对银行的热爱，他才有可能实现二次购买。银行公关人员在提出解决方案时，要坚持快速、精准的原则，及时、准确地给客户提供投诉处理方案，最大限度地减少问题给他带来的损失。

银行公关人员在处理投诉时坚持这 3 个步骤，同时在实际工作中，积极完善这 3 个步骤的细节问题，就能快速、全面解决客户投诉，获得客户对银行的二次青睐。

改进

银行公关人员要想让客户投诉发挥最大的价值，就必须要对客户投诉进行以下两方面的改进：一方面是做好处理结果的评估；另一方面是根据客户投诉反馈及时调整。

1. 处理结果总结评估

银行公关人员做好投诉处理效果的总结评估，完成客户投诉的最后一环，进而充分发挥好客户投诉的最大价值。

（1）总结银行公关人员在处理客户投诉时的态度、做法有无欠妥

银行公关人员处理好客户的投诉，并不意味着工作的完成。接下来要做的就是总结银行公关人员在处理客户投诉中，态度是否友好、行为是否恰当。如果出现态度不友好、行为欠妥，就应该立即联系客户，向他们表达银行的愧疚。

另外，银行公关人员也要总结银行在处理客户投诉后，反思有没有乱承诺。如果乱承诺，反思一下当时为什么急忙承诺，承诺有没有解决客户

的困扰。同时也要反思在处理中，有无做到及时处理、换位思考等。

（2）对客户进行跟踪服务

银行公关人员要想清晰得知客户对银行处理投诉的反馈意见，就必须要对客户进行跟踪服务。询问客户在投诉前，有无遇到投诉无门的现象；在投诉时，银行公关人员是否耐心。友好的听完他们的投诉，询问投诉处理是否及时、对投诉结果是否满意。

如果客户在投诉阶段提出自己的想法，这时银行公关人员就要记录下来，从而更好地对投诉阶段进行整改。假如客户对投诉结果不满意，银行公关人员就要进行二次服务，让客户彻底满意。

银行公关人员通过对客户投诉处理结果进行总结和评估，能够规范下次处理投诉的行为；同时也能提升银行处理客户投诉的能力，让银行再遇到客户投诉时能更好地应对。

2. 根据投诉反馈意见进行调整

银行公关人员妥善处理好客户的投诉之后，经常会接到客户的来电，他们在表达对银行处理投诉能力的肯定的同时，又给银行提出了一些投诉反馈意见。很多银行公关人员认为客户投诉已经解决，往往对客户的反馈意见不重视，这种做法欠妥。

因为客户的反馈意见，是从客户自身实际出发总结而成，这些实践性非常强的反馈意见在帮助银行解决实际问题时适应性更强。

另外，银行根据客户投诉反馈意见进行调整，能够让客户感受到自己的话语得到尊重，这样他就会对银行有更大的好感，进而提升对银行的忠诚度。

一个朋友告诉我中国农业银行十分注重客户投诉反馈意见，他给我讲了他自己的亲身经历。

2015 年 6 月的一天，他到中国农业银行去办理医保 IC 卡密码修改业务，当时大堂经理告诉他须在柜台办理，待柜台排队到他后，柜员却要求他到柜员机修改。他表示已排队很久，坚持在柜台办理，柜员便要求其填写相关表格。他填完表格并等前一位客户办完业务后又回到柜台继续办理，柜员告知其填写有误，需再一次重新填写。

我的朋友很不满，致电客服中心投诉。投诉部门经核实，他反映情况属实，承诺他一个小时之内给他回复。不到 20 分钟，他接到大堂经理、柜员的道歉。他对中国农业银行的投诉很满意，就致电投诉部门感谢，同时提出他的一些反馈意见。

他认为出现这种情况，主要是网点工作人员分流不善导致排队人员多，同时工作人员答复不一致和对客户的需求了解不够细致，所以他认为银行应该从这三方面改正。过了很长一段时间，他再次到农业银行办理医保 IC 卡业务时，他发现银行变得更井然有序，也不用排队。而后大堂经理主动询问他需要办理什么业务，了解他的需求后，将他引导到指定区域，告知如何填写表格。1 分钟后他就办好业务，最后当他惊讶于为什么银行效率如此之高时，大堂经理说："收到你的投诉反馈后，我们及时调整，银行才变得如此井然有序。"顿时他被银行感动了。

中国农业银行通过根据客户投诉反馈意见，积极调整银行的不足；同时由于积极采纳客户投诉反馈意见，获取了客户较大好感，让客户主动充当起银行的移动广告牌。

第十二章　投诉处理的沟通全攻略

银行公关人员要想处理好客户的投诉，必须做好与客户的沟通。如何和客户进行顺畅的沟通？我认为银行公关人员要做好投诉中的语言和非语言信息，学会倾听、掌握提问和协议技巧。

投诉中的语言信息

银行公关人员如何在投诉中运用语言信息，更好地处理客户的投诉？我认为首先银行公关人员要确保处理客户是一种双向交流、有专业的语言系统、能够给投诉的客户提供及时的反馈、在接触客户时保持自信果断即可。

1. 确保双向交流

银行公关人员60%的时间花在与客户的沟通上，80%的问题都出在沟通上，为什么在沟通上栽跟头？一个很重要的原因，就是银行公关人员没有确保与客户的沟通是双向交流。

双向交流即信息发送者和接收者位置不断变化，从而让双方都能明白各自的意思。

银行公关人员在处理投诉中，首先应学会倾听。一方面通过认真倾听得知投诉者想要表达的内容，另一方面在倾听的过程中也能让用户情绪平缓。但是，一味地倾听并不能解决问题，而只能让投诉者占据主导位置，银行公关人员很容易在不知不觉中接受投诉者的过分要求，造成银行的损失。

一味地倾听是一种愚蠢的做法，银行公关人员应该在倾听之后发声，

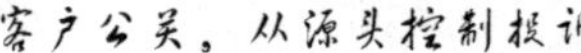

阐述自己对投诉者说的内容的观点，取得话语权的主动地位，之后就是对投诉者进行引导，将客户引导到银行损失最小的解决方案上。如果他采取异议，还要继续倾听，继续再进行引导，直到最后达成一致意见，取得双方都满意的结果。

我见过有些银行公关人员，他们接待好投诉的客户之后，客户还没说清楚投诉的原因，他们就像迫击炮一样，狂说不止。最后发现讲的是驴唇不对马嘴，客户也被他惹急，把他也投诉了。

银行公关人员在面对客户投诉时，应确保双向沟通。一方面通过倾听可以得知客户投诉的原因；另一方面通过发声也能做好对客户的回应，让双方都能明白各自的意思，杜绝沟通产生的盲区，让客户的投诉问题在最短时间内解决。

2. 专业语言表达训练

语言作为交际的工具，运用好语言是一门学问。有的人就是因为嘴上“功夫”不佳，经常和别人出现“话不投机”；而有的人因为嘴上“功夫”了得，经常点“语”成金，取得绝佳的表达效果。银行公关人员每天应对大量客户，如何沟通好客户，就需要进行专业的语言表达训练。银行公关人员不妨通过模拟训练来进行。即一名银行公关人员充当投诉者，另外一人充当投诉受理者。这样就能生动演绎出客户投诉的场景。一方提出投诉，另一方进行解答，之后，更换角色。通过这种场景表达训练能更好地提升银行公关人员专业语言表达能力。

进行模拟训练需要注意两点：①每天坚持模拟训练，时间不必很长，每天15分钟即可；②在模拟训练时要经常更换伙伴，让自己面对不一样的投诉者，以提升自己在不同环境下的语言表达能力。

如何在模拟语言训练过程中，让你的语言更有吸引力？编故事就是一个不错的方法。

银行公关人员要想让自己说的话有吸引力，可以在日常模拟训练中练习编故事的能力。因为故事是人们普遍乐于接受的形式，人们很容易就会被故事所吸引。另外在故事中加入我们想表达的内容，这样投诉者听完我们的故事后，就会在潜移默化中接受我们的思想。

除了编故事，我们还要在模拟训练中善用“我”字。因为经常使用“我”字能够让投诉者感觉有根手指向他，更容易促使他行动。像习惯用语：“你的名字叫什么?”

如果我们用专业用语：“请问，我能知道你的名字叫什么吗?”

专业语言表达训练除了编故事、善用“我”，还有很多，这需要银行公关人员在实际工作中留心总结，使得自己语言表达更为专业。

银行公关人员通过员工之间的模拟训练，能够提升员工处理投诉的能力，同时在训练中添加一些语言表达细节问题，吸引投诉者，解决他的问题。通过模拟训练、注意语言表达细节问题，可以让银行公关人员专业语言表达能力短时间内得到快速提升。

3. 积极交流的正确方法

银行公关人员在处理客户的投诉时，要想和客户做好交流，必须要掌握一些正确方法。

（1）认真倾听客户投诉

认真倾听，一方面能够彰显你的礼貌，另一方面你能通过倾听，平息顾客的情绪，找到客户投诉的关键点。这样你就能沿着这个关键点，给客户提供一些实质性的解决方案，让“客户投诉”变成“客户喜爱”。

（2）交流时，动脑子

银行公关人员在和客户交流中，必须要掌握整场沟通的主动权，从而最大限度地降低银行损失。

（3）复述客户的话

复述客户的话，不仅能够让客户感受到你的确在认真倾听他所说的内容，给他一种你确实重视他的印象。同时你通过复述他的话，能够争取到这场博弈的主动权，更重要的是你可以在复述中添加你想表达的东西，把客户引导到你想表达的内容上。

（4）运用好发问

运用好发问也能帮助银行公关人员在交流中取得主导权。在发问上，可以这样问："很抱歉银行给你带来这样大的麻烦，你对这件事的处理有没有什么要求？"

通过这种发问，银行公关人员能够得知客户的最终打算，清楚得知下一步自己应该如何做，从而获得处理问题的主动权。

银行公关人员认真倾听投诉者内容，同时在交流中运用复述和发问两种智慧方法，能够做好与客户的积极交流，让投诉者沿着银行公关人员引导的路线，将客户投诉完善处理掉。

4. 提供最及时的反馈

客户在进行投诉时，一方面是为了解决自身的问题，另一方面是满足被尊重的情感需求。银行公关人员要想处理好客户的投诉，必须满足客户这两个需求。如何最大限度地满足客户这两方面的诉求呢？

（1）同意客户的观点

客户在投诉银行时，很有可能像"怨妇"一般，围绕着银行的缺点喋喋不休。如果这时银行公关人员沉默不语，只会让投诉的客户怒火冲天，他会认为银行公关人员没有把自己放在心上，轻视自己。

这要求银行公关人员在倾听的过程中，对于客户的控诉，积极回应，表明自己正在专心倾听，等到客户控诉完毕，银行公关人员可以说："很对不起，银行给你带来这么大的困扰，如果是我，我肯定也会投诉银行。"银行公关人员同意客户的观点，对客户投诉进行正面的反馈，让客户充分感受到银行公关人员的贴心，平缓投诉客户的情绪。

（2）提供投诉解决方案

银行公关人员不仅要在态度上对客户进行反馈，而且也要解决掉投诉客户的实际问题。通过倾听得到客户投诉要求之后，要及时给客户提供投诉解决方案。解决方案的制定能够解决客户的问题，最大限度地减少他的损失。

银行公关人员在制订解决方案时，首先要对投诉的问题进行全面系统的分析，之后再制订投诉解决方案。切不可只为了平缓客户投诉时的态度，仅仅考虑到客户的利益，而让银行损失过多的利益。

另外，在制订客户投诉方案时，要保证银行利益最大化，尽可能给用户提供好的解决方案。银行公关人员坚持这个原则，就能防止投诉解决方案制定本末倒置。

5. 接待客户保持自信果断

银行公关人员接待投诉客户时保持自信果断，能够给投诉客户留下执行力强、负责任的良好印象。银行公关人员如何在和客户交流时，保持一个自信果断的形象呢？具体可以从说话的音高、语气、普通话着手。

（1）适当的声音高度和平缓的语速

据国外一项心理学调查研究表明，不自信的人通常在说话的时候声音低、语速快。所以银行公关人员要想给客户留下一种自信果断的印象，必须要克服说话时声音低、语速过快的缺点。在和客户交谈中保持声音适当的高度，但并不需要太响，能保证客户听到即可。

同时在说话时语速适中，不可过快或过慢。语速过快，客户很难听清楚你所表达的内容，同时让客户感到你不是个自信的人；过慢，只会让客户认为你态度不佳、散漫。

（2）沉稳的语气让你看起来更为果断

银行公关人员私下也要对自己的预期进行训练，从而保证自己在处理客户投诉时，能够用一个沉稳的语气和客户进行交流。沉稳的语气不代表低沉，而是一种果断、有质感的语气。这种语气能够让客户建立一种厚重、踏实感，即你说的话能够让客户产生“你非常果断”的印象。

（3）说好普通话

随着市场经济的发展，人口流动性也越来越大。银行公关人员面对的不再是本区域的客户，而是要和全国各地域客户打交道。说好普通话，能够帮助你在和客户沟通时，表达更为清楚流畅，让客户听懂你所表达的内容；也能够让你在客户面前减少因口齿不清而引起的紧张感，表现得更为自信。

银行公关人员做好语气、语速、普通话基础性工作，能够给客户传达一种自信、果断的形象，在处理客户投诉时表现更佳、更优秀。

投诉中的非语言信息

银行公关人员要想快速说服投诉客户接受投诉解决方案，除了靠自身的语言信息，更要借助非语言信息，充分将自己的意思表达出来。如何运用非语言技巧？对此银行公关人员首先要掌握什么是非语言信息，理解非语言信息的精髓，才能在投诉中更好地利用非语言信息。

1. 非语言信息的内容

银行公关人员要想充分理解客户投诉诉求，当好客户肚子里的“蛔虫”，不能仅仅通过语言信息，更要理解客户的非语言信息。客户非语言信息是指客户的动作语言、面部表情、仪容仪表等。

动作语言又称肢体语言，它是指身体的各种动作，可以表达投诉客户的信息。它是一种潜意识的行为，是一种不自觉的行为，所以说它的欺骗性较小。

肢体语言的表达形式还有很多，包括手指、两人的握手等，都能从中感受到投诉者丰富的信息。

面部表情也是非语言信息的重要一种。据科学调查研究发现，不同国籍、不同人种在表达快乐、愤怒时面部表情是一致的。一个人的面部表情能够全面地反映出当时的心情。银行公关人员解除了客户的投诉时，一定要去研究投诉客户的面部表情，仔细观察他们的眼睛、鼻子、嘴唇的变化。这样就能更好地把握他们的心理变化。

观察仪表仪容也能够得到客户最直观的信息。如果你在投诉中，遇到的是女性投诉者，可以通过观察她化的妆容获取想要的信息。如果她的妆容清淡，说明她是一个平和的人，那么在处理她的投诉时会更加轻松；如果她浓妆艳抹，说明她是个独立的人，对投诉处理的解决比较挑剔，这时你一定要打起十二分精神来处理好她的投诉；如果她不化妆，很有可能说明她不拘小节，她在乎更多情感的尊重，那这个时候你就要说一些道歉情感类的语言。

如果是男性投诉者，这时你看他穿的鞋，如果他的鞋是休闲鞋，说明他是一个比较重视生活质量、追求细节的人，你要提供一个全面的方案；如果是皮鞋，说明他是个循规蹈矩的人，这时你把解决方案给他梳理一遍，给他清晰的处理流程，就能获得他的好感；如果是运动鞋，说明他是一个不拘小节的人，给他一个投诉解决方案、时间。

银行公关人员掌握好这些非语言信息，能够更好、更清楚地了解客户投诉的诉求点，他想从投诉中得到什么，基于此，银行公关人员就能给他提供更具针对性的解决方案，获得投诉客户的满意。

2. 性别与文化在非语言沟通中的影响

（1）不同的性别与文化在非语言沟通中也有不同的表现

男性和女性在非语言沟通中有很大的差异。通常来讲，在自然状态下，女性更擅长“伪装”，更能控制自己的面部表情。但是她们在表达和交流时却和男性相反，在交流时能够真实表达出自己内心的想法。男性在自然状态下的面部能够充分表达出他们的喜怒哀乐，但是在和别人进行交流时，却能很好地隐藏自己的真实感受。

另外，女性在交流时喜欢做情感的交流，即她更喜欢两人进行情感的交流，且肢体语言更加丰富；而男人则会故意进行眼神的躲避。

银行公关人员掌握好性别在非语言沟通中的差异后，在面对不同性别的客户投诉时，采用具有针对性的策略，就能更好地打动客户的心，满足用户的需求。

（2）文化在非语言沟通上也有不同影响

不同国家，或者同一国家不同区域的人对非语言沟通都持不同的观点，在一些高情景化的国家、地域中，就十分注重非语言沟通，而在一些低情景化的国家、地域就不重视非语言沟通。

同时，一些非语言沟通在不同的地方有不同的含义，像在我国摇头代表不接受，而在印度就代表接受的意思。我国的不同区域，对同一种非语言也有不同的态度，需要银行公关人员区别对待。

银行公关人员应掌握不同文化在非语言沟通中的不同影响。在处理客户投诉前，首先要了解客户地域、所处的文化状态、文化禁忌，从而避免在沟通中踩到雷区，让投诉处理解决更为顺利。

3. 非语言沟通的方法训练

银行公关人员进行非语言沟通防范训练，能够在客户投诉处理中，表现得更为自信，给投诉客户一个良好的印象。对于非语言沟通训练，可以从“心”和“情景模拟”进行。

（1）银行公关人员从“心”开始重视非语言沟通

银行公关人员要想提高非语言沟通，首先要意识到非语言沟通对客户投诉处理的好处。从“心”开始对非语言沟通重视起来，时刻提醒自己在办理客户的投诉时，注重非语言沟通，提醒自己保持良好的仪容姿态。

通过从“心”重视非语言沟通，时刻要求自己在处理客户投诉时，用高标准的非语言沟通方法约束自己，这样就能在潜移默化中提升自己的非语言沟通能力。

（2）“情景模拟”更快提升银行非语言沟通能力

银行公关人员内部之间可以进行模拟训练，一个模仿投诉的客户，另一个模仿客户投诉处理者，角色轮流替换。通过这种情景模拟能够更快提升银行公关人员的非语言能力。

4. 规避负面的非语言沟通

有很多银行公关人员问我在客户投诉处理中，如何做好非语言沟通。通常我的回答是，你只要在投诉处理中不犯以下错误，就能让你的客户处理更为高效。

（1）仪态不洁

银行公关人员的仪态整洁能够给投诉的客户留下良好的印象，整洁仪态能够缓和客户的态度。如果一个仪态不洁的银行公关人员在处理客户的投诉时，可能会引起客户的反感，使得投诉升级。

（2）眼神躲闪

眼神躲闪是一个不良的非语言沟通，它会给投诉客户“不自信”的印象，这样你所提供的投诉问题解决方案也必然不能让用户满意。

（3）不当肢体语言

有些银行公关人员在处理客户投诉中，可能会存在坐姿不当，或者在处理客户投诉中运用不当肢体语言等。当银行公关人员在客户投诉处理过程中出现类似的不当举止，极易引起客户的反感，使之前做的努力功亏一篑。

（4）距离不当

银行公关人员在处理客户投诉时，也容易出现距离不当现象。即在投诉处理过程中，与投诉客户保持过近的距离，或者过远的距离，都会让客户感到不自然，导致客户投诉处理陷入僵局。

银行公关人员在客户投诉处理中，避免出现距离不当、眼神躲闪、不当肢体语言、仪态不洁的行为发生，和客户保持一个亲和感，这样才有可

能促成客户投诉处理。

投诉处理中的倾听技巧

倾听作为客户投诉处理中的重要一环，能够帮助银行公关人员快速精准地找到客户投诉的诉求点。它是银行公关人员必须掌握和提高的基本能力之一，很多银行公关人员问我有无快速掌握倾听技巧的方法，我通常会告诉他们，哪些倾听是错误的、倾听出现问题的原因，以及一个优秀倾听者的特征是哪些，来帮助他们提高投诉处理中的倾听技巧。

1. 优秀倾听者的特征

银行公关人员每天要花 70% 的工作时间用于与投诉客户的沟通，如何让沟通高效？银行公关人员必须首先要学会倾听，通过倾听了解客户投诉的诉求，才能提出具有针对性的解决方案，解决好客户的问题。

银行公关人员要想成为优秀的倾听者，必须要具有以下 3 个特征。

（1）全神贯注的倾听

全神贯注强调的是一种集中思想，综合分析出客户语言中的信息。银行公关人员在接受客户投诉后，通过全神贯注的倾听能够更容易找到客户投诉的灵魂诉求，也能够给客户留下良好的印象。

如果银行公关人员在倾听时三心二意、走神，很容易找错客户投诉的诉求点，给客户留下散漫、不负责任的印象，那么倾听的价值就无法体现，而且很容易使客户的投诉升级，让双方关系降至冰点。

（2）提出具有针对性的问题

一个优秀的倾听者，不是在倾听中一言不发，而是在倾听中，根据客户的诉求，提出具有针对性的问题。银行公关人员抛出针对客户诉求的问题，能够很好地证明银行重视客户。同时银行公关人员抛出这些专业性的问题，掌握整场谈话的主动权，引导客户接受自己的投诉处理方案。

（3）合理运用肢体语言

银行公关人员运用好肢体语言，能够发挥倾听的最大价值。客户提出投诉，银行公关人员可以抿着嘴，点点头，这个肢体语言暗示鼓励他继续说。当客户说到激动时，可以轻拍他的肩膀，暗示他别激动。通过另外一些合理的肢体语言，让客户情绪趋于平稳，解决客户的问题。

银行公关人员学习优秀倾听者全神贯注、提出针对性问题、合理运用肢体语言这些优点，能够通过倾听更好、更快地解决掉客户投诉。

2. 倾听出现问题的原因分析

银行公关人员都明白倾听是客户沟通的基础，他们在实际客户沟通中也十分重视倾听，但是在倾听中依然存在问题。出现这种现象的原因就是银行公关人员没有清除掉倾听过程中的障碍。倾听的障碍主要有3个：环境干扰、银行公关人员的理解能力弱和语言表达障碍。

（1）环境干扰是倾听的最大障碍

试想，如果银行公关人员在一个喧闹、人声嘈杂的地方处理客户的投诉，显然不能让自己集中注意力，很难快速理解客户想表达的内容。据一项心理调查研究表明，喧闹的环境很容易让人产生不适感，引起人的躁怒。

所以银行公关人员在处理客户投诉时，尽量挑选封闭好、环境优、人少的地方。这样就能给客户提供一个轻松的环境氛围，迅速平息他的情绪。同时，轻松的环境也能让自己集中精神倾听客户讲话。

（2）银行公关人员的理解能力弱也是倾听出现问题的原因

有时因为银行公关人员知识水平、素质、情商或者生活阅历不足，不能理解客户想表达内容，出现“对牛弹琴”的现象。要想解决这个问题，银行管理者必须要对银行公关人员进行统一、专业的培训，提升他们的语言理解能力。

（3）语言表达障碍也是倾听出现问题的主要原因之一

银行公关人员在面对客户投诉时，有时可能会抛出些专业的金融术语回答客户。这种表达只能让客户一头雾水。或者银行公关人员省略一些词语，也会引起客户的不解。另外有些客户表达能力弱，像口齿不清、方言过重，也会让银行公关人员的倾听陷入僵局。

如果是银行公关人员的语言表达障碍，那么在接下来的工作中，银行就要帮助他提升语言表达能力；如果是客户方面的问题，银行公关人员就要在日常工作中留心、积累经验，解决他的问题。

3. 无效倾听的主要表现

有时银行公关人员向我抱怨说，倾听并没有像我讲的那样神奇。因为他们在处理客户投诉时也做到了认真倾听，但是收效甚微。这时我就会告诉他，你并没有理解倾听的灵魂因素，你所做的倾听，都是无效倾听。无效倾听通常有以下 4 种表现。

（1）狂记要点

这类银行公关人员觉得应该记住客户说的每一句话，所以他们在倾听中，更多的是充当一个速记者的角色，由于他在用户沟通中只忙着做笔记，所以根本无法抽出时间来分析客户的投诉的需求，到最后客户言毕，很难提出针对顾客投诉的问题，不能高效处理好客户的投诉，最后双方不欢而散。

（2）吹毛求疵

吹毛求疵也是无效倾听的表现之一。吹毛求疵即银行公关人员在倾听客户谈话时，他并不关注客户所讲的内容，而是专门挑客户的毛病，像客户投诉银行的原因有误、态度不佳等。这种倾听不仅不能找到客户投诉的真正诉求，反而极易引起客户反对，甚至给自己带来“杀身之祸”。

（3）讲话“滔滔不绝”

银行公关人员要想高效处理好客户投诉，必须要让客户把他想讲的话说完。有些银行公关人员在倾听中，就不能让客户讲完话，他会在倾听客户的过程中，抓住一个点，滔滔不绝、长篇大论。结果他是讲舒服了，但是客户投诉却没有讲完。

（4）打断客户讲话

打断客户讲话是银行公关人员经常出现的问题。银行公关人员打断客户讲话有时可能是想将自己想表达的内容增添进去，但是打断客户讲话，客户会认为银行公关人员没有礼貌，引起客户的不满。另外，打断客户讲话也容易将客户思绪打断，到时他可能将他想表达的内容又讲一遍，无形之中降低了银行工作人员的工作效率。

银行公关人员了解了无效倾听的上述4种表现，下次在倾听中避免这4种情况发生，就能极大地提高倾听的价值，从而快速解决客户的投诉。

4. 提高倾听技巧的方法

银行公关人员要想快速提高倾听技巧，单单通过工作上积累是不够的，还必须借助一定的方法。

（1）培养倾听的兴趣

俗语说："兴趣是最好的老师。"一旦你把倾听当成兴趣，那么你肯定不会在倾听中走神、分心。可能你会说："老师，我发现我对倾听完全没有兴趣。"在我看来，你不是对倾听没兴趣，而是你没有找到倾听的乐趣，一旦你找到，你必然会乐于倾听，在倾听时全神贯注。

培养倾听的兴趣不是一蹴而就的，而是需要时间的积累。首先你必须要培养倾听兴趣的意识，其次多和一些倾听能力强的银行公关人员交流。向他们讨教倾听的具体方法，之后将其运用到实际工作中，慢慢地你就会从倾听中找到乐趣，由此你将会爱上倾听。

（2）建立心理大纲，快速找出客户投诉诉求重点

银行公关人员倾听最大的目的，就是发现客户投诉诉求的重点。其中应用建立心理大纲法，能够快速找到客户投诉诉求点。心理大纲的操作方法也十分简单，假如客户说："我对你们银行的服务态度不满意。"这时你就可以在纸上写上"服务态度不满意"，客户肯定会说他为什么不满意，

而后你把他不满意的原因总结分条记之，这样就能很快找到客户诉求重点，那么你在投诉问题的处理上也更得心应手。

心理大纲不仅能够帮助你找到客户投诉诉求点，而且也不失为一个快速找出解决投诉方案有效方法。

（3）提高倾听注意力

注意力分散是倾听最大的问题，银行公关人员要想提高倾听技巧，必须要提高倾听注意力。一个好的倾听者抗干扰能力相当强，你可能会说："老师，我天生十分敏感，外面的风吹草动都会引起我的注意。"

我的建议是你可以通过一些小的暗示，来把你的注意力收回，你可以在处理客户投诉前暗示自己，要认真倾听。或者可以在笔记本上写上"认真倾听"，这样在你处理客户投诉时，就能够保持全神贯注的注意力，长此以往，你就能提高倾听技巧。

投诉处理中的提问技巧

银行公关人员在处理客户投诉中，掌握一定的提问技巧，能够掌握客户投诉处理主动权，最大限度地降低银行的损失。如何掌握提问技巧？银行公关人员在提问前想出正确问题、检查问题细节、在提问时礼貌待人、注重开放性和封闭式问题即可。

1. 提出正确的问题

海森堡曾经讲过："提出正确的问题，往往解决问题的大半。"他的这句话同样适应于银行公关人员在解决客户投诉问题上，银行公关人员提出正确的问题，不仅能够验证客户投诉诉求，同时能够引导客户沿着自己提出问题的解决方案前行。

如何在客户投诉中提出正确的问题，一直困扰着银行公关人员。要想提出正确的问题，首先要剖析用户的语言和非语言信息，找到客户诉求的

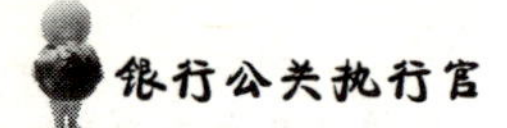

核心点是什么。

语言信息就是银行公关人员和投诉者交谈时，投诉者的说话内容。

银行公关人员通过倾听，可以得出投诉者的投诉诉求是什么，银行做出哪些行为能够满足他的诉求；非语言信息就是投诉者在投诉时的动作、眼神等动作，公关人员能够得知他对投诉持一种什么样的态度，他是非要种说法，还是仅仅发泄一下。通过语言和非语言分析能够清楚找出客户投诉的目的。

知道他的目的后，银行公关人员要做的最重要的一步就是，提出问题。在提问时需遵循一个核心原则让自己通过提问获得主动权，通常在处理投诉中主要通过以下两种方式进行：选择式提问和引导式提问。

选择式提问即二选一，限定客户的注意力，客户就会在限定范围内回答，能够充分掌握主动权。

比如，银行公关人员在处理客户投诉时说："针对你的投诉，你是选择银行工作人员重新给你办理还是退还你之前办理的损失？"这种选择式提问让客户在银行公关人员预定的方案中选择，以便银行公关人员掌握更大的主动权。

引导式提问即先陈述一个事实，通过这个事实做个画框，之后再把自己想表达的内容放画框后面。

比如，一个客户投诉银行环境不佳，经常在银行大堂中发现垃圾。银行公关人员运用引导式提问，说："你说的银行环境问题的确存在，我行的解决方案是……你认为怎么样？"就是通过引导客户在回答上按照银行公关人员的思路进行。

提问方法还有很多，如开放式、封闭式、推测型提问等。银行公关人员要注意这些提问方法只是手段，通过这些手段来帮助银行占据更大的主动权。银行公关人员要想提出正确的问题，必须要清楚知道客户想说什么，而后才能运用提问各种方法解决客户的投诉。

2. 检查细节

银行公关人员在处理客户投诉时，应提出正确的问题。而且必须要在提出问题前，对问题的细节进行检查，盘算问题有无不当之处，从而发挥问题的最大价值。针对检查问题细节，主要从以下两方面入手。

（1）检查问题能否解决客户投诉问题

银行公关人员在提问前，首先要反问一下自己，这个问题是否围绕着客户投诉诉求展开？能否平缓投诉客户的情绪？能否解决客户的问题？对于这个问题自己有疑问，就可以向客户提出；如果不能，只能证明这个问题价值不高，应该立即打消这个问题。

（2）检查有无能力把握好问题的走向

银行公关人员提问前，要把握住问题的走向，即自己针对这个问题有无解决方案，如果没有解决方案，也不要放弃这个问题，因为一旦客户针对这个问题向你发问，只会让你陷入不利位置。所以你必须要保证你提出的问题你知道答案，这样就能把握住问题的走向，引导整场谈话的主导权，你就可以处在一个相对安全的位置。

3. 礼貌待人

我见过很多银行公关人员提出的问题极具价值性，但是并没有妥善解决好客户的投诉，反而将投诉升级。其原因就是银行公关人员在提问时没有做到礼貌待人，通常在提问时打断客户的讲话，或者提问的语气欠佳。

银行公关人员在提问时必须做到有礼，只有如此，客户才不会对你的提问反感，让他更容易接受你的观点。银行公关人员要想在提问时做好礼貌待人其实也不难，只需要掌握好提问的时机，把握好提问的语气即可。

银行公关人员提问建立在打断客户讲话的基础上，这种做法是欠妥的。虽然你有可能及时表达出自己的观点或者想法，但是打断客户的讲话，容易给客户留下一个没有教养、不会倾听、没有礼貌的印象，到时只会让他对你的问题不感兴趣，而且你也很有可能会遭到投诉。

银行公关人员要想给客户留下一个有礼貌的印象，必须要掌握好提问题的语气。我见过很多优秀的问题就是因为银行公关人员语气使用不当而夭折。质问语气是银行公关提问失败的元凶，它不但不能解决问题，反而会让双方处于一种剑拔弩张的状态。

所以银行公关人员在提问时，最好不用质问语气，多用平等、随和的语气，从而给客户留下一个彬彬有礼的形象，让他更容易接受你的问题。

银行公关人员在提问时掌握好提问的时机、语气，给客户留下一个礼貌待人的印象，那么他对你的问题接受度也就更高，提问的价值性也会得到充分体现。

4. 开放式及封闭式问题的应用

开放式和封闭式问题是银行公关人员常用的两种提问方法。

开放式提问能够在客户投诉中营造一种宽松的环境，和他建立一个融洽、和谐的关系，巧妙地打开客户的心扉。

银行公关人员在提开放式问题时主要围绕“5W1H”话题：Why（原因）、What（谁）、When（时间）、Where（地点）、Who（谁）和How（如何做）。银行公关人员在提出开放性问题时，并不是广撒网，而是要紧紧围绕客户诉求进行，只有这样才能保证开放性问题找到客户心之所想。

假如说，客户投诉银行工作人员办理业务效率低下。

银行公关人员通过倾听客户投诉之后，可以提出开放性问题。“你对我行工作人员业务办理效率低下，有什么具体的建议？”通过提出这样开放性的问题，就能够得知客户投诉诉求，引导他讲出自己的想法，银行公关人员按照他这种想法执行，保证执行的方案让他满意。

银行公关人员也可以提出封闭式问题，解决用户的投诉。封闭式问题范围窄，通常客户回答要按照设定的范围、阈值。封闭式问题和开放性问题不同时，封闭式问题针对性更强，目的性更强。

比如，客户投诉银行理财产品收益率不高时，银行公关人员如果利用封闭式问题，就可以这样提问："这个理财产品收益不高的情况我行工作人员已经在你投资前告知你，如果你仍有意见，你有两个选择：一是放弃这个产品，那么之前你的收益就要损失；二是继续坚持，你有可能会获得较高的收益。"

银行公关人员通过封闭性问题，能够得到客户精准答案。而后，针对精准答案，提出针对性的解决方案。

银行公关人员也可以在处理客户投诉时，采取开放性和封闭式相结合的模式，能够取得"1 + 1 > 2"的效果。通过开放性的问题让客户讲出投诉的大致需求，之后通过封闭式问题得知客户的精准需要。

银行公关人员在和投诉客户刚接触时，可以通过开放性问题询问客户为什么投诉。如"银行给你带来哪些麻烦?"

客户回答："我认为银行××问题给我带来××麻烦。"之后银行公关人员提出如下封闭性问题："这个问题给你是带来××问题还是×××问题?"这样就能准确得知客户投诉的诉求点。

银行公关人员在处理客户投诉中，通过使用开放性提问、封闭式提问或者两者交叉使用能更好地找到客户诉求的重点，解开客户心结，化顾客投诉为顾客满意。

投诉处理中的协议技巧

想让客户对于投诉的处理认同银行公关人员的做法，就需要银行公关人员掌握达成协议的能力、找出投诉发生的根源、提出解决方案，在解决客户投诉中，保持一个积极态度，让客户参与其中。

1. 达成协议的能力分析

银行公关人员要想和投诉的客户达成协议，并在这个协议中拥有更大自主权，必须要掌握倾听、观察和语言表达3种能力。

（1）倾听能力是达成协议的基础性条件

倾听尤为重要。这里的倾听是指有效倾听，它是一种全神贯注式的倾听。这种全神贯注式的倾听能够得知投诉客户的诉求，平缓投诉客户的情绪，为接下来的提问打好坚实的基础，可以这样说，银行公关人员要想取得客户投诉胜利，必须要掌握倾听的技能。

（2）观察能力是达成协议的重要武器

观察是一种有目的性、计划性、系统性强的活动。观察能力是银行公关人员必须要具备的一种基本能力。银行公关人员掌握观察能力，能够更好地分析投诉客户的一些细节问题，如他的眼神、动作、一些微表情等，通过观察小的方面，银行公关人员就能掌握客户进行投诉的真正目的，了解他的心理诉求，得知他能接受多大的损失，就能在这场博弈中掌握主动权，最大限度地减少银行的损失。

银行公关人员要想快速提升观察能力需要不断充电、学习，可以通过阅读一些心理学、微表情的书籍来提升观察客户的能力。

（3）语言表达能力是达成协议的关键能力

当银行公关人员通过倾听、观察了解了客户的需求之后，就要通过语言把自己心里所想表达出来。语言作为一场谈判的武器，银行公关人员必须要掌握好这种能力，要保证语言具有逻辑性，也就是我们常说的一环扣一环，严丝合缝；同时也要保证语言生动、准确，使客户听懂你所说的话，从而接受你的思想。

2. 找出问题根源

银行要想解决好客户的投诉，必须找出投诉问题的根源。找出投诉最本质的问题，就能够使得投诉的处理结果让客户心服口服；同时帮助银行发现工作上的漏洞，提升银行整体竞争力。如何在处理客户投诉中迅速找到问题的根源，可以用顺藤摸瓜的方法。

林小姐在某网点办理异地卡转账取款，由于钱款都在银行卡内，直接取款手续费较高。为此，客户特意办理了当地农行卡，并要求柜员将异地卡内钱款转账至当地卡后再取款，但工作人员没有理会客户要求，直接从客户异地卡内取款，令客户损失部分手续费。客户表示非常气愤，致电客服中心进行投诉。

这时银行公关人员一是要和林小姐取得联系，安抚她的情绪。二是开始顺藤摸瓜之旅：首先要找到给她办理业务的银行工作人员，询问她当时的具体情况。如果林小姐所言属实，说明银行工作人员服务态度不佳，未能将客户的利益放在首位，服务意识未能在本行贯彻。银行工作人员服务意识淡薄也表明银行领导未能将服务的思想贯彻落实，银行管理者在管理上也存在漏洞。

通过这种顺藤摸瓜的方法，就能很快找到投诉问题的根源。而后银行公关人员就可以对林小姐说："谢谢你，你的投诉让我行发现我们服务意识不具诚意，给你造成的困扰，我们一定主动承担责任。"

这种极具诚意的道歉，使得道歉更具分量，更能让客户满意。另外通过找问题根源的过程，也能对银行进行一个彻底的反思，快速除掉身上的顽疾，也使得银行实现优化升级。

3. 提出解决方案

银行公关人员要想解决客户投诉，必须给客户提供一个切实可行的解决问题的方案。我见过有些银行公关人员在应对来势汹汹的客户时，慌忙抛出解决方案，等到客户走后，发现承诺的方案可行性极低，只得作罢。到最后，客户发现银行并未执行承诺的解决方案，只会让投诉升级，这次客户将投诉的矛头对准银行公关人员。

银行公关人员要想在客户投诉时提出一个可行、全面的解决方案应注意3点：

（1）掌握投诉的问题的重心

要想掌握投诉的重心，可以从以下方面着手，如客户这个投诉急不急、严重不严重，如果严重，严重到什么程度，另外也要找到客户投诉的诉求点，他想从投诉中获得什么。银行公关人员只有找到投诉的重心才能够解决好客户投诉问题。

（2）掌握好制订解决方案的权限

银行公关人员在制订解决方案时，一定要清楚自己制订方案的权限。如果是一些小的投诉事件，你可以自行处理。如果是一些投诉比较紧急，或者投诉比较严重时，这时你千万不能擅自做出解决方案。你应该立即联系你的领导，询问他对这个投诉的看法，一定要提醒他尽快做出解决方案，否则一旦他拖延时间，你很有可能因处理不及时而遭到客户的投诉。

（3）让客户先表态

当银行公关人员了解了客户投诉核心诉求之后，也制订好了解决方案，那么是不是立即向客户表达出自己的解决方案？我的建议是慢一拍，你应该先让客户说出他的解决方案，之后再提出自己的解决方案。不管客户有无腹稿，你让他先说，就能让你在客户投诉处理中掌握更大的主动权。

银行公关人员在提出客户投诉的解决方案时详细了解用户的核心问题、掌握好自己制定解决方案的权限、通过让客户先表态 3 个方法，能够提出可行性强、具有针对性的解决方案，同时让银行处于相对主动的地位，将客户投诉的问题快速解决掉。

4. 让客户参与进来

小米科技联合创始人黎万强在他所著的《参与感》一书中提出一个观点："要想让你的客户和你保持一种长期和谐的关系，必须要让他参与到你的工作中。"我认为这个观点同样适用于银行公关人员处理客户投诉上，让投诉的客户参与到客户投诉中有以下两大好处。

（1）提升客户对银行的忠诚度

对银行投诉的客户，大部分对银行有感情。如果银行公关人员解决好他们的投诉，他们很有可能二次选择银行，那些银行给他们带来困扰，选择沉默的客户，必定会弃银行而去。

银行公关人员邀请这些对银行有感情的客户参与投诉处理，能够让客户感觉到银行是真的重视他们，让他们真正享受到客户就是上帝的感觉，更重要的是在客户参与投诉的处理过程中，在潜移默化中提升他对银行的忠诚度，银行的品牌影响力也会因为忠诚粉丝的增多而扩大。

（2）提升投诉处理的效率

以前银行公关人员在处理客户投诉时，解决方案很容易遭到客户不同意、不接受、不采纳。有时银行公关人员感觉银行已经让步很大，甚至投诉解决方案快碰触到银行利益的底线了，无奈客户对投诉的解决方案仍不满意。

我们试想一下为什么客户不满意，我认为这是由人的本性所决定的，就是我们本能地排斥一些非我们亲手办的事情。如果银行公关人员邀请客户投诉处理当中，在不触碰到银行利益的底线时，充分发挥客户的主动性，就能保证制订的解决方案让银行和客户实现“双赢”，因为客户不会反对他自己亲手制订的方案，由于客户对解决方案通过率高，也会提高银行公关人员投诉处理的效率。

银行公关人员让客户参与到投诉处理中，能够提升客户对品牌的忠诚度，同时提高银行处理投诉的效率。银行公关人员在引进客户参与投诉处理前，一定要制定客户参与的标准，同时清楚知道银行能够接受客户意见的底线，只有这样，你才能保证实现银行利润的最大化。

5. 保持积极的态度

银行公关人员在处理客户投诉时保持积极的态度，能够产生两大魔力。

（1）迅速平缓客户投诉的情绪

客户在投诉时必然心情不佳且急迫想快速解决问题。银行公关人员在处理客户投诉时，保持一个积极的态度，能够给客户留下一个行动力高、负责任、重视客户问题的形象，投诉的客户看到银行公关人员对待自己的投诉如此重视，原先的急迫糟糕的情绪也会因银行公关人员积极的态度而得到平缓。

（2）高效的执行力

据一项权威媒体研究发现，在工作中拥有积极态度的员工的工作效率是懒散、消极员工的3倍以上。银行公关人员在投诉处理中保持积极态度，能够拥有高效的执行力，极大地提升银行公关人员处理客户投诉的效率。

第十三章　完善投诉应对机制

银行公关人员要想解决好客户投诉，让客户满意，完善好投诉应对机制必不可少。如何完善投诉应对机制，可以从投诉处理的预警、书面文案、投诉预警入手，从而打造一个完善的投诉应对机制。

投诉检查实施的执行系统

客户投诉解决方案的实施，是一个复杂的过程。银行公关人员要想让投诉解决方案发挥最大的价值，必须要建立一个投诉检查实施的执行系统。通过这个系统，检查解决方案的步骤和操作细节、掌握投诉人的投诉心理，从而更好地帮助银行公关人员更快解决掉客户投诉。

1. 言必行，行必果

“开空头支票”是银行公关人员在处理客户投诉中容易犯的错误。“空头支票”是一种欺骗性的承诺，它只能让客户的投诉升级。所以，银行公关人员在处理客户投诉时，一定要做到“言必行，行必果”，才能真正处理好客户投诉，获得客户的好感。

银行公关人员在处理客户投诉时，要想做到“言必行”，首先一定要保证“言”的可行度强，“言”的内容有无损害银行切身利益，只有可行度强、言的内容保护银行的利益，银行公关人员才可许下诺言。当你许下承诺之后，就要立即联络投诉执行的工作人员，动用一切力量，让你的承诺尽量兑现。

如何让兑现的承诺有价值？这就要求银行公关人员必须要参与承诺的兑现过程。

银行公关人员要把控好承诺执行的每一步，让承诺按照原先的设想进行，这样才能保证执行的正确性，充分发挥承诺执行的效果。另外，银行公关人员也要对投诉的客户进行回访，询问他们对投诉处理的执行满意程度，自己才能充分知道投诉处理有无实际效果。

银行公关人员在客户的投诉处理中，坚决执行承诺的解决方案，保证执行的解决方案的效果，才能够真正解决掉客户的投诉，让银行获得客户的二次青睐。

2. 检查实施的步骤与操作细节

银行公关人员在执行投诉解决方案时，一定不能一直在后台充当指挥者的角色，而应该“身先士卒”，积极参与解决方案的过程，检查解决方案实施的步骤和操作细节，避免在实施解决方案出现错误的步骤或者不当的操作细节。

银行公关人员检查投诉执行实施的步骤与操作细节能够产生以下两个益处。

（1）保证实施步骤的正确性

当银行公关人员把解决方案传达给执行者时，他不一定能够领会到银行公关人员的解决方案的灵魂思想，而很有可能在实施步骤上按照自己的想法进行，这样就很容易在实施步骤时出现问题。银行公关人员及时检查解决方案的实施步骤，能够及时发现解决方案步骤有无不当之处，纠正实施的不当之处，从而保证实施步骤的正确性。

（2）剔除一些不当的操作细节

一旦解决方案细节出现问题，很有可能让之前做的一切投诉处理活动功亏一篑。比如，银行工作人员的态度就是投诉解决方案的一个细节，这个细节对投诉解决方案成功与否起着关键作用。银行公关人员通过检查这个细节，就能发现银行工作人员在执行方案时态度是否有不当之处，如果有，及时改之。类似这样的操作细节还有很多，银行公关人员及时检查这些操作细节，能够剔除一些不当的操作细节，提升投诉方案标准化，提高客户满意度。

银行公关人员通过检查实施的步骤和操作细节，能够让解决方案的执行更为标准化、高效化，及时、高效地解决客户的投诉。

3. 及时了解投诉人的心理变化

通常客户在投诉时更多的是抱持一种求发泄的心理，银行公关人员通过倾听、提出问题解决方案能够快速使客户的情绪安定下来。到投诉处理阶段，银行公关人员根据投诉人的心理变化适时对投诉解决方案进行调整，能够让解决方案更具针对性，解决好客户的投诉问题。

银行公关人员在投诉解决前，需了解投诉人的心理变化，此时银行公关人员应通过各种渠道及时和投诉的客户取得联系，掌握他们此刻的心理变化。

（1）不满情绪再次爆棚

客户对银行的投诉处理速度极为不满，情绪高涨，他认为银行根本没有把他的投诉放在心上，他通常会质问银行公关人员，有无准确的时间解决他的问题。

这时银行公关人员要做的，就是平息客户不满情绪，告知他投诉处理具体时间，同时银行公关人员也要及时督促处理投诉的部门，命令他们加快投诉处理的速度。

（2）情绪趋于平和

这类客户较投诉前，情绪趋于平和。银行公关人员这时应该继续尊重感觉，向客户表达感谢之情，是他的投诉让银行发现出现的漏洞，并承诺解决处理问题的时间，通过这一系列措施，能够提升银行在他心中的形象。

银行公关人员及时了解投诉人的心理变化情况，针对性提出投诉处理方案，告诉他们投诉问题的解决时间，能够让银行再次获得他们的好感。

投诉处理的书面文案系统

银行公关人员在处理客户投诉时，掌握常见信件的格式和客户投诉报告书的书面文案系统工作，能够让客户投诉的处理取得事半功倍的效果。

1. 投诉致歉信格式

投诉致歉信是银行公关人员针对投诉写给客户的一封信，银行公关人员在这封信中表达对客户的歉意，解释客户投诉问题的原因，从而消除客户的误解，增进两者感情。

如何写好一封投诉致歉信？银行公关人员首先要掌握投诉致歉信的格式。一般来讲投诉致歉信格式如下：

称谓。即客户的姓名。

正文。诚恳说明投诉问题的原因，表达银行针对这个问题给客户造成的不便的歉意，要在正文中表达对客户投诉的认可，同时也要提供客户投诉的解决方案、方法等。

署名，日期。在署名方面银行公关人员不仅要签上银行名字，同时也要把自己的名字、联系方式写上，以便客户联系。

银行公关人员掌握投诉致歉信的格式，就能写好一篇有诚意、高价值的致歉信，打破银行公关人员和投诉客户之间的壁垒。

2. 问候信格式

问候信能够表达银行对投诉客户关心之情，让客户感受到银行浓浓情谊，帮助银行公关人员了解客户对投诉的处理看法等。银行公关人员要想写一封优秀的问候信，必须要掌握问候信格式。问候信格式如下：

称谓。可以写尊敬的××先生，您好。

内容。可以这样写，××先生，好久不见，距离上一次见面××天，不知你最近生活如何？你的××投诉，我行已经处理完毕，不知你对我行公关人员的投诉处理的速度、态度有无意见或建议，如果有，请你致信给我行，我行将会积极采纳。

结尾。打扰××先生，祝您生活幸福，工作顺利。

银行公关人员在客户投诉处理中，掌握好问候信格式，通过写问候信能够和用户保持一个和谐的关系，能够让客户投诉变成客户喜爱。

3. 邀请信格式

邀请信由标题、称谓、正文和落款4个部分组成。

银行公关人员在邀请投诉客户时，一定要创作一些和客户切身利益相关的标题，像银行诚邀×××共商××事情。

称谓可以用“尊敬的×××先生”。

关于邀请信的正文，银行公关人员要说出邀请投诉客户的原因、目的，以及整个流程的时间安排、地点等。

落款，写明时间和单位即可。

邀请信格式如下所示。

> 尊敬的____
>
> 您好！
>
> ____银行将于____年____月____日在__________地，举办____活动，和你探讨____内容，计划活动时长____小时。
>
> ____银行
>
> ____年____月____日

银行公关人员在写邀请信时不需要太多文字，只需表达明了、简洁即可。

4. 客户投诉处理报告书

客户投诉处理报告书就是银行公关人员把客户投诉处理过程记录下来，整理成一个报告书的形式，通过投诉处理报告书，银行公关人员能够清楚发现在处理投诉中有无出现不当问题，能够为接下来的客户投诉处理提供有价值的指导。

银行公关人员在制定客户投诉处理报告书时，一定要重点注重以下6点：①投诉处理人在处理时是不是保持积极的态度。②有无在第一时间内受理客户投诉。③银行公关人员有无快速提出投诉解决方案。④在客户投诉处理过程中，客户心理变化情况。⑤银行公关人员提出的解决方案有没有解决掉客户问题。⑥客户对解决方案是否满意。

银行公关人员制定客户投诉处理报告书，一方面能够发现自己在客户投诉处理中的不当行为，另一方面也能帮助银行再遇到类似投诉时提供经验，更快地将客户投诉解决掉。

5. 客户投诉记录表

客户投诉记录表

投诉客户姓名__________

投诉原因__________

投诉时间__________地点__________

当时客户态度__________

客户投诉的部门__________

有无直接责任人__________

承办客户投诉人__________

提出解决方案__________

承诺解决时间__________

顾客对解决方案的态度__________　　时间__________

客户投诉记录表就是将客户投诉整个过程记录成表格的形式，通过这个表格能够明了投诉客户姓名、投诉的时间、地点、原因、客户当时投诉的态度、客户投诉的部门、有无直接责任人、客户投诉的承办人是谁、当时投诉解决对策、承诺解决客户投诉的时间、当时有无解决掉客户问题，如下所示。

6. 投诉事件报告书

投诉事件报告书是银行公关人员针对投诉事件进行一次全面、彻底、分析、总结之后而形成的书面报告。这个报告书主要是给银行的管理层审阅，银行公关人员要想让所呈递的投诉事件报告书有价值，必须要在报告书上重点深挖投诉事件产生的原因。

如何挖出投诉事件产生的本质原因，就要用到之前提到的“顺藤摸瓜”的方法，即沿着问题寻找答案，围绕答案提出问题，一直到最后，就能摸到投诉事件产生的真正原因。找到投诉事件原因之后，银行公关人员提出针对性投诉事件的解决方法，提升投诉事件的含金量。

银行公关人员在投诉事件报告书上详细写出投诉事件发生的原因，以及解决投诉事件的方法，能够更好地帮助管理层清楚银行出现的漏洞，进行整改，以提升银行整体竞争能力。

投诉预警系统

银行公关人员做好投诉预警系统能够监测出客户投诉发生前的征兆信息，迅速做出反应。但是做好一个高价值的投诉预警系统十分不易，银行公关人员需要做好市场调研活动、完善内部数据系统，用严谨的法律和业务论证。

1. 进行充分的市场调研

有句话讲得好，“最好的投诉解决方法就是不让投诉发生”，银行公关人员要想杜绝投诉的发生，必须要建立一套客户投诉的预警系统，从而将客户投诉扼杀在摇篮之中。市场调研作为投诉预警系统的最重要一环，能够快速发现客户投诉。

银行公关人员要想建立一套客户投诉的预警系统，首先要做的就是充分地进行市场调研。

银行工作人员的服务态度是银行投诉最主要的因素，比重高达60%以上。银行公关人员做好银行工作人员的服务态度调研，采用一些方案解决客户投诉，就能大幅度减少银行的投诉量。如何对银行工作人员服务态度进行市场调研呢？可以采取样本调研的方法。

首先，银行公关人员确定一定银行客户的总量，之后随机抽取客户样本，询问他们对银行工作人员服务态度的看法，请求他们为银行工作人员服务态度打分（总分10分），把所有调查者的数据进行整合。

分析之后，如果发现银行工作人员平均分低于7分（安全值），就显示银行很有可能会迎来大规模的客户投诉潮，这时银行公关人员应该立即把这个数据报告给管理者，并向他建议立即对银行的工作人员实行服务态度培训，以此来提升服务水平，重新给客户一种服务态度好、尊重客户的银行形象，避免大规模客户投诉的发生。

银行公关人员不仅可以针对银行工作人员态度进行调研，而且还可以调研客户对银行产品、业务观点、建议，以及他们认为好的银行产品、业务应该具备什么样的特征。银行公关人员掌握客户对银行业务、产品的观点，其实也就是未来客户对银行的态度。之后银行工作人员根据他对银行产品的态度、观点，对银行产品进行适当的调整，让客户的投诉“胎死腹中”。

银行公关人员做好充分的市场调研，预测出银行遭到投诉的因素，然后通过各种策略把未出生的客户投诉扼杀掉，从而为银行提供一个健康的生存环境。

2. 莫把营销和服务对立

银行公关人员过去一直认为服务是营销的附庸品，服务是营销可有可无的因素，只要银行有好的业务、产品，必然会引来大量的客户围观。这种营销思想已经滞后，它必然不能帮助银行在未来激烈的市场竞争中存活下来，银行要想存活，必须要依靠良好的服务。

（1）良好的服务让银行从众多竞争对手中脱颖而出

银行业务同质化是业界不争的事实，只要有一家银行推出一项新业务，短时间内几乎所有的银行都会复制这种模式，甚至后来加入到这场战争的银行会推出更为全面、优质的服务。所以，银行要想在竞争对手中脱颖而出，依靠传统的产品创新已经很难奏效。

如何让银行从众多的竞争和对手中脱颖而出，我认为银行可以主打服务这张牌。通过服务和竞争对手区别开来，帮助银行树立差异性的特征，通过服务来确定银行的竞争壁垒，银行就可以获得更大的发展机会，在竞争激烈的市场中存活。

（2）优质服务提升银行的客户二次转换率

银行工作人员提供优质的服务，满足客户被尊重的需求，使得客户充分享受到上帝的感觉，那么他必然会对银行产生良好的印象。银行工作人员可以抓住这个契机，及时向客户推销银行产品，银行客户接受这个产品的可能性更高，客户二次转换率也会大幅度提升。

如果银行在客户心中是一个服务态度差、无礼的印象，这样银行工作人员必然在推销银行产品时受到客户的反感。银行工作人员提供优质的服务能够让银行产品的推销更为顺畅，让银行取得更大的利润。

优质服务能够帮助银行从众多竞争对手中脱颖而出，在未来竞争市场上取得更好的发展先机。同时优质的服务能帮助银行工作人员更好地进行推销。所以，营销和服务并不是对立的关系，相反，它是相辅相成的关系，做好服务就能帮助银行在未来更好地存活。

银行要想提供优质的服务，必须要做好银行工作人员服务预警系统，及时掌控出现的问题，规范银行工作人员的服务态度，杜绝不良服务做法，使得银行工作人员的服务让客户满意。

3. 完善内部数据系统

银行公关人员要想做好投诉预警系统，除了做好充分的市场调研外，更要完善银行内部数据系统，深挖银行内部数据价值。如何深挖银行内部数据？具体体现在以下两个方面。

（1）做好基础数据的整理

银行公关人员要想做好投诉预警系统，首先要对银行近十年来的数据进行基础性的整理。例如，可以整理银行多年积累的客户投诉数据信息，把同一类的客户的投诉信息整合到一起；也要整理银行近十年客户投诉银行的业务和产品，把不同银行业务、产品的投诉分门别类地整理；也可以整理银行客户、利润变化等一些基础数据。

银行公关人员通过对这些基础数据的整理，做好内部数据系统的基础性工作，能够保证银行公关人员建立这个银行内部数据系统的准确性，为银行投诉预警提供更精确的资料。但需要注意的是，基础数据的整理是一项繁杂、工作量巨大的工作，银行公关人员在整理时一定要有超常的耐力、细心。

（2）整合数据资源

银行公关人员做好了基础数据整理之后，就要以基础数据为切点，整合数据资源。发现一些客户投诉或者投诉业务的共同点，深挖客户投诉内容规律性、价值性的内容。把客户投诉前的行为、投诉内容制定标准，一旦客户触碰到这些标准，银行公关人员就要立即采取行动，从而扑灭客户的投诉。

整合数据资源并不是要银行公关人员对银行所有基础数据进行整理，而是银行公关人员要整合对投诉预警有价值的信息，这样才能既发挥资源的最大价值，又提升银行公关人员的工作效率。

银行公关人员通过做好基础数据的整理、整合银行的数据资源能够完善好银行内部数据系统，帮助银行公关人员在制定投诉预警系统时，有更多的资料作为支撑，确保投诉预警系统的正确性。

4. 严谨的法律与业务论证

当银行公关人员进行了充分的市场调研、完善内部数据系统后，就可做出一整套的投诉预警系统。如何保证预警系统的正确性？银行公关人员可以通过严谨的法律与业务论证检验。

（1）法律论证让投诉预警系统在法律面前大胆地行走

银行公关人员用金融法规、投诉法规来验证银行投诉预警是否触碰到法律的底线。在验证时，可以采用事实论证的方法，即如果银行公关人员严格实行这个投诉预警，能不能触碰到法律的底线，如果触碰到，就要立即对这个投诉预警系统进行调整、改进，以此保证投诉预警系统能够在国家法律照耀下大胆前行。

（2）业务论证实现银行的最大利益化

银行制定投诉预警最主要的目的，就是减少投诉给银行带来的损失，获取最大的利益。银行公关人员通过业务论证的方法，能够发现银行投诉预警系统能否保障银行的利益，有无最佳方法来更新投诉预警，使得银行投诉预警系统更为完善，取得最大的经济效益。

银行公关人员在业务论证时，可以采用比较论证的方法，即通过对投诉预警方法进行比较。假设在投诉预警系统中采取其他方法，会不会对银行产生更大的益处，如果有更大的益处，换上这种方案，这种方案的可行性如何等。通过业务论证，可以将投诉预警不合理的方案剔除，换上银行投诉预警系统最佳方案，实现银行获利的最终目的。

银行公关人员通过严谨法律和业务对投诉预警系统进行论证，不仅能够让银行投诉预警系统在法律面前大胆地行走，而且在行走时也能让银行获取更大的利润。

投诉制度系统

银行公关人员建立投诉制度系统，能够更好地实现投诉过程有案可查、投诉流程合理化、强化银行服务文化，让投诉的处理更为便捷、标准。

1. 投诉过程有案可查

银行公关人员做到客户投诉过程有案可查，不仅能够掌握客户投诉的具体信息，而且能够发现自己在客户投诉处理中出现的不足，然后想方设法改掉不足，从而提升投诉处理的水平。如何做到客户投诉过程有案可查？具体可以从客户登记和客户反馈入手。

（1）客户登记能够掌握客户投诉的全面信息

银行公关人员将愤怒的投诉客户情绪安定之后，就要做好客户的登记工作，可以用到客户投诉记录表，来记录客户投诉的原因、客户投诉时的态度、客户他想通过投诉获得怎样的解决方案，以及当时银行公关人员给客户的解决方案是什么、为什么是这个解决方案、解决方案的时间。

银行公关人员通过客户登记表显示的全面信息，能够真实还原当时客户投诉的状态，让整个投诉过程有案可查。

（2）客户反馈让银行公关人员看清自己的行为

一个完整的投诉系统不能仅仅让客户投诉的状态有案可查，而且还要看清银行公关人员的态度。如何让银行公关人员看清自己在客户投诉处理的行为？可以通过客户反馈表。

客户反馈表，即银行公关人员处理好客户投诉后，发给投诉的客户一张投诉处理反馈表，让客户在这张表中填写他对银行公关人员服务的态度，以及他对投诉解决方案的满意度、认为银行在未来做些什么。

通过客户反馈表，银行公关人员能够看清自己服务态度，以及客户对

银行公关人员提出投诉处理解决方案的满意度、客户对银行未来的发展期望等。

银行公关人员通过客户登记和客户反馈表格，能够真实、生动地还原当时投诉处理情形，让投诉过程有案可查。当银行公关人员对这些案件进行审查时，会发现在投诉处理中银行公关人员的不当行为、客户投诉出现的问题，提升银行公关人员的投诉处理能力。

2. 投诉流程合理化

银行投诉流程合理化能够满足客户投诉需求，同时也能大幅度提升银行公关人员的工作效率。很多银行公关人员询问我什么样的投诉流程是合理的，我通常这样回答：合理投诉流程是能让客户第一时间递送自己投诉诉求，银行公关人员能够在最短时间内解决他的投诉问题，之后银行公关人员进行回访，他能够知道投诉解决方案有无解决客户的投诉。

（1）多渠道满足客户发声的需求

我们试想一下，当客户对银行的产品或服务不满意时，他想投诉时，却发现无路可走，不知向银行哪个部门，如何投诉，那么银行的形象必然会在他心中一落千丈。一个合理的投诉流程中，必须要给客户提供多种发声的渠道，银行公关人员可以搭建多种沟通平台，充分满足客户投诉的需求。

（2）及时回应客户投诉，提供有效的解决方案

光满足客户投诉需求是远远不够的，银行公关人员还要及时对客户的投诉回应。首先对银行给他带来的困扰致歉，通过倾听掌握他进行投诉的诉求，给他一个可行度高的解决方案。对于解决方案，银行公关人员要注意以下两点：

第一，切记不可急于应对客户投诉，匆忙抛出解决方案。在提出解决方案时一定要考虑到他的投诉的严重程度，如果相当严重，就要及时联系银行上级部门提供方案，防止因自己判断有误背黑锅，一定要把控好客户

投诉处理的时间。第二，对一些小的投诉方案，易解决的投诉方案，一定要坚持快、准的策略，从而最快时间内解决客户投诉。

（3）回访投诉客户，总结投诉处理

银行公关人员解决掉客户的投诉之后，要进行及时的回访。询问投诉处理解决方案有没有解决客户的问题。如果没有，就要进行二次客户投诉处理，另外也要询问客户对银行有无建议或者寄望。通过回访一方面能够让投诉处理看得见，另一方面能够让投诉的客户充分感受到银行公关人员积极的、以客户为本的工作态度。

银行公关人员打通投诉的渠道、面对投诉时及时给客户提供解决方案、及时对客户进行回访，能够大幅度缩短处理投诉的时间，从而能够更好、更快捷地处理好客户的投诉。

3. 强化银行服务文化

银行服务文化是银行长期对客户服务形成的一种服务理念、职业看法等银行价值的总和。它是银行的一种重要软实力，这种软实力能够帮助它从众多竞争对手中脱颖而出。可以断定，银行服务文化将会在未来银行发展中发挥更大的作用，强化银行服务文化刻不容缓。

如何强化银行服务文化？在我看来银行需要拿出不破不立的意念，在面对客户投诉中完成涅槃重生。

服务文化即以客户为本，站在客户立场上，充分考虑客户感受的一种理念。银行公关人员在应对客户投诉时从以下 3 个方面着手就能强化银行服务理念。

（1）坚持同理性

同理性即银行公关人员支持、同意客户的观点。客户在进行投诉时，他实际上就是想要银行公关人员同意他的观点、给他安慰。银行公关人员坚持同理性的服务观念，站在客户的立场，充分考虑到客户需求，之后结合自己体会和感受发声，必然能够赢得客户的好感，从而给客户留下一个

坚持以客户为本的银行形象。

（2）保持亲和力

亲和力是银行公关人员留给投诉客户的第一印象，良好的亲和力能让投诉客户的怨气瞬间消失。银行公关人员接待客户投诉时，可以充分发挥微笑的功能，将微笑融入到语言和肢体活动中，从而让客户从银行公关人员的微笑中感受到强大的亲和力，就能给客户留下一个关心客户、亲和力强的银行形象。

（3）规范服务语言

同理性和亲和力是用一种宏观的方法来强化银行服务文化，要想让银行服务更得客户心，必须要运用微观方法来强化银行服务文化。规范服务语言就是一个极佳的微观方法，它能够让银行公关人员的语言变得更为标准，使得银行公关人员说好话、讲对话，保证讲的话能够被客户满意，给客户留下一个服务规范、专业银行形象。

银行公关人员坚持同理性，更能体会到客户投诉的心情；保持较高的亲和力能够给客户提供一个极佳的体验；规范投诉语言能够让服务更为专业。在投诉处理中，银行公关人员坚持上述3个服务理念，能够快速增强银行服务文化，提升银行文化软实力。

4. 强有力的制度支持

银行公关人员要想让投诉过程有案可查、投诉流程合理化、在投诉过程中强化银行服务文化，必须要依靠投诉处理强有力的制度。这个投诉制度，能够帮助银行公关人员更好、更快地处理客户投诉。

银行公关人员在制定这个强有力的投诉制度时，必须要考虑好下面两个问题。

（1）这个制度能否最大限度地减少银行的损失

银行公关人员必须清楚知道，自己所做的一切事情都是站在银行的立场，所以这个投诉制度的制定也不例外。银行公关人员在制定这个制度时，要多方面权衡各方利益，选择出最佳的客户投诉制度方案，确保这个方案能够在解决客户的投诉需求后，最大限度地减少银行的损失，从而实现当初订立制度的根本目的。

（2）清晰的奖惩措施

任何制度都有一种强制性，制度总是与人想自由的本性相违背，人们其实对制度更多的抱持一种抵抗的情绪。如何让客户投诉处理人去执行这项制度？银行公关人员必须要用硬权力来约束客户投诉处理人的行为，从而确保制度的实行，发挥最大价值。

如果一味靠强制措施规范客户投诉处理者的行为是不理智的，这只会让他们长期处于一种压抑的状态下，让制度的执行力大打折扣。所以，银行公关人员在订立制度时也要制定一定的奖赏措施，以调动银行公关人员的积极性，确保制度的执行。

银行公关人员制定好投诉制度后，就要让制度付诸实施、落地，发挥制度最大的价值。如何做到？银行公关人员应该做好“坚持”这两个字，坚定不移地执行投诉制度计划，让投诉制度落到实处，让制度更好地帮助银行公关人员做好投诉处理工作，使得银行投诉过程有备案、投诉流程更为合理、银行的服务文化在投诉中得到增强。

第十四章　投诉处理常见问题分析

银行公关人员要想在实际的工作中处理好客户投诉，必须分析好投诉常见问题，如面对客户污蔑、客户“狮子大开口”、投诉处理不及时、媒体曝光等。总结处理这些投诉处理的共性，从而在客户投诉时做到游刃有余。

事件真相尚未查清，当前如何回应

银行公关人员在接到客户投诉时，当然不能完全凭客户的一面之词，更要对客户的投诉进行全方位调查，查清楚事件真相才能给客户提供最佳解决方案。但是当银行公关人员遇到一些比较复杂的客户投诉事件，事件真相不明，而客户再三要求其提供解决方案时，银行公关人员往往会“病急乱投医”，做出损害银行利益的事。

所以，银行公关人员在投诉事件真相尚未查清时，必须要做好“少说话，说对话”。

“少说话”不是要银行公关人员对客户投诉不处理，而是要在客户处理过程中少做承诺，少说废话、空话，必须对客户说的每一句话负责任。因为如果投诉事件真相未查清时，银行公关人员给予客户承诺，给客户提供解决方案，不仅这个解决方案的可行性令人怀疑，而且方案很有可能会损害银行的利益。

银行公关人员在事件真相尚未查清楚之前，少说话，能够防止说话不当给银行带来损失，减少因承诺未完成引来“杀身之祸”。

“说对话”要求银行公关人员要保证自己说的话说到投诉客户心坎上。

可能你会产生疑问，事件真相尚未查清，如何能够保证自己说的话打动客户？其实客户在投诉时，看重的是银行对自己的态度，有无真正把自己当成上帝。所以银行公关人员在处理客户投诉中，多说一些同情客户遭遇、表达银行的同情之情的话。而后，给客户提供一个具体投诉解决时间，就能打动客户的心智。

银行公关人员在客户投诉时，说客户喜欢听的话、给客户一个投诉解决的时间，为给客户提供解决方案获取更大弹性时间，从而避免在时间真相尚未查清、匆忙决定做出错误的投诉解决方案。

“说好话，说对话”能够在帮助银行公关人员在事件真相尚未查清前，避免银行公关人员说错话，给银行造成损失；许诺投诉解决时间，一方面能够平缓投诉者的情绪，另一方面也会给查清事件真相留出时间，让银行公关人员提出一个更全面的投诉解决方案。

面对污蔑，银行是用法律手段还是“私了”

客户投诉银行，可能是银行的服务或者产品没有达到他的预期，也有可能是客户自身原因而致。如果是银行的原因，银行就要积极承担责任。如果是客户自身的原因所致，而投诉银行这实际上就是对银行的污蔑。

银行公关人员面对客户污蔑通常采用法律手段和“私了”，何时使用法律手段，何时“私了”，应该由客户污蔑的严重程度决定。

如果由于自身原因而投诉银行的客户，在投诉时借助新闻媒体，新闻媒体报道后，严重损害银行的名誉，使得银行品牌资产也出现下降，这时银行公关人员就可以通过法律手段来解决。

银行公关人员通过法律手段能够扩大事件的影响力，公众也能够看到

银行的决心，从而挽救银行的形象危机。

如果客户的污蔑并没有让银行名誉受到伤害，或者客户的污蔑影响范围小时，银行公关人员可以选择“私了”的方式解决，同时银行公关人员在“私了”时，一定要和客户进行深度沟通，让他明白他的这个行为是不当的，银行选择“私了”的手段，主要是从他的利益考虑。这就能给客户一个暗示，如果他下次进行这样的污蔑时，银行公关人员就不会采用这种方法进行。

银行公关人员根据污蔑的严重程度，具有针对性选择法律手段和“私了”手段，一方面能够快速解决好客户的投诉问题。另一方面也能最大限度地减少污蔑给银行带来的损失。

投诉处理不及时被媒体曝光，如何大事化小

银行公关人员在处理客户投诉时，处理不及时被媒体发现后，可能会给公众留下银行不以人为本、办公效率低下的印象。银行公关人员如何将媒体报道大事化小？做好以下两步即可。

（1）快速解决掉客户的投诉

媒体报道投诉处理不及时，说明银行确实没有将客户的投诉快速解决。这时银行公关人员不是对媒体呛声，反对媒体，而应该督促解决客户投诉的部门积极行动，快速解决客户的投诉，给媒体客户一个知错就改、敢于承担责任的好印象。

（2）召开新闻发布会

媒体报道银行投诉处理不及时，必然会对银行的品牌、声誉有所影响。银行如果不正声，对银行发展也是相当不利的。银行公关人员召开新闻发布会，能够为银行正声，重新树立银行的形象，挽救银行的品牌形象危机。

银行公关人员在召开新闻发布会时，首先要承认没有及时处理好客户投诉的错误，态度一定要诚恳；其次要说明没有及时处理好客户投诉的原因是什么，向投诉的客户道歉，给公众一个知错就改的印象，获得公众的好感。

如果有可能最好把投诉的客户请到新闻发布会现场，让他描述一下银行在媒体曝光后的表现，通过客户的现身说法，把银行的对客户投诉重视的态度表现出来，获得最佳的宣传效果。

银行公关人员通过及时处理客户投诉、召开新闻发布会能够及时处理好媒体曝光对银行的影响，获得投诉客户的谅解，重新在公众面前树立一个知错就改、敢于负责任的银行形象。

投诉处理中如何发挥第三方的作用

要想让客户投诉处理真正落到实处，必须要发挥第三方的作用。因为银行的处理投诉制度更多的是一种内部、自我的制度。由于无人监督，很容易出现投诉处理的不及时、处理不到位的问题。引进第三方管理能够更好地对银行公关人员进行及时、高效的监督，更快地处理好客户的投诉。

对于银行公关人员发挥好第三方的作用，需注意以下两点。

（1）要在思想上重视第三方

我见过很多银行公关人员在客户投诉处理中，坚持我行我素的思想，按照自己思想、节奏来处理客户投诉，完全不把第三方监察机构放在心上。

银行公关人员思想上不重视第三方，不遵守第三方监察机构的规章制度，可能会在客户投诉时出现一些不当处理方法，容易将客户投诉处理带入死胡同。

银行公关人员在思想上重视第三方机构，按照第三方监察机构规章制度处理客户的投诉，从而在客户投诉处理中避免出现一些不规范的行为，让客户投诉处理更为标准。

（2）吸取第三方的指导意见，做好客户投诉处理，借助第三方宣传

银行公关人员在处理客户投诉时，第三方监察机构会给银行公关人员进行督导、建议。这时银行公关人员应该积极吸取第三方的建议，全面处理好客户投诉。当银行公关人员妥善处理好客户投诉后，应该积极宣传自己，把银行处理客户投诉上报给第三方平台，通过第三方平台进行宣传。

第三方平台是一个独立的平台，不依附任何银行和客户任何一方，它说的话更容易得到用户的认可，银行公关人员在第三方平台宣传投诉处理，宣传的效用更佳，说服力更高。

银行公关人员通过第三方平台监察完善客户投诉处理的行为，从而让处理过程更快、更全面，借助第三方平台宣传，能够让更多人信服银行的确把客户投诉处理放在心上。

如何应对客户的要挟

银行公关人员如何应对客户的要挟呢？应视客户要挟的强弱而选择不同的方案。

如果客户的要挟是：假如银行公关人员不处理好他的投诉，他就会借助新闻媒体曝光银行的问题，或者通过法律手段维护自己的权益。面对这种情况，银行公关人员首先要衡量这个投诉问题的严重程度。也就是说，如果客户投诉问题不严重，银行公关人员可以采用冷处理，即一般投诉处理的方法来应对。

反之，必须采用热处理方法，在不损害银行利益的前提下，最大限度地满足投诉客户的要求。

还有一种情况是，客户要挟更多的是一种报复心理，他并不要求银行

快速处理问题，而是要求银行提供巨额赔偿，或者最高领导人进行道歉。对于这种原则性问题，银行公关人员坚决不能妥协，必要时采取法律手段，主动出击，赢得最佳的主动权。

客户“狮子大开口”，银行无法满足，怎么办

客户“狮子大开口”其实就是过度维权的表现。客户“过度维权”是一种违反法律法规、违背社会道德的行为。银行公关人员在面对客户过度维权时要做好以下两步。

（1）分析客户“狮子大开口”的原因

据国内一项权威调查研究发现，3% 的客户会在维权时做出过度维权的行为，“狮子大开口”是过度维权最主要的行为。银行公关人员在面对客户“狮子大开口”时一定不能采取顶撞客户、和客户争吵的方式。因为争吵只会引起客户再次不满，使投诉不断升级。

正确的做法应是：找到客户“狮子大开口”的原因，询问是不是客户在投诉时，接待客户投诉者对客户态度不佳，或者是给他的生活带来很大的困扰。找到客户“狮子大开口”的原因之后与客户耐心进行沟通、交流，才能从根本上解决客户“狮子大开口”的问题。

（2）合理解决客户过度维权

银行公关人员在解决这类客户“狮子大开口”时，要以法律法规、事实为依据，向客户摆事实、讲道理，向客户灌输如果他过度维权只会让自己陷入不利的境地。同时也要向客户表达出银行对这件事的态度，如果是银行问题，银行必然会采取主动承担责任的态度，最大限度地减少客户的损失。

如果客户坚持己见，提出一些无理的要求，银行公关人员应通过法律手段解决这个问题。